New Stock Trend Detector

Explained Completely by Top Trader

股票趋势研判术

顶级交易员深入解读

[美] 江恩（William D. Gann）/原著

魏强斌/译注

经济管理出版社
ECONOMY & MANAGEMENT PUBLISHING HOUSE

图书在版编目（CIP）数据

股票趋势研判术：顶级交易员深入解读/（美）江恩（William D. Gann）原著；魏强斌译注. —北京：经济管理出版社，2018.7

ISBN 978-7-5096-5907-6

Ⅰ.①股… Ⅱ.①江… ②魏… Ⅲ.①股票交易—基本知识 Ⅳ.①F830.91

中国版本图书馆 CIP 数据核字（2018）第 164448 号

策划编辑：勇　生
责任编辑：勇　生　刘宏
责任印制：黄章平
责任校对：张晓燕

出版发行：经济管理出版社
　　　　　（北京市海淀区北蜂窝 8 号中雅大厦 A 座 11 层　100038）
网　　　址：www. E-mp. com. cn
电　　　话：(010) 51915602
印　　　刷：三河市延风印装有限公司
经　　　销：新华书店
开　　　本：787mm×1092mm/16
印　　　张：14.5
字　　　数：281 千字
版　　　次：2018 年 11 月第 1 版　2018 年 11 月第 1 次印刷
书　　　号：ISBN 978-7-5096-5907-6
定　　　价：68.00 元

如果交易者能够下功夫研究成交量的变化，就能更加准确地判断出趋势的变化，特别是将其他法则与成交量综合起来研究个股趋势时，更是如此。

——W.D.江恩

导言　成为伟大交易者的秘密

◇ 伟大并非偶然！

◇ 常人的失败在于期望用同样的方法达到不一样的效果！

◇ 如果辨别不正确的说法是件很容易的事，那么就不会存在这么多的伪真理了。

金融交易是全世界最自由的职业，每个交易者都可以为自己量身定做一套盈利模式。从市场中"提取"金钱的具体方式各异，而这却是金融市场最令人神往之处。但是，正如大千世界的诡异多变由少数几条定律支配一样，仅有的"圣杯"也为众多伟大的交易圣者所朝拜。我们就来一一细数其中的最伟大代表吧。

作为技术交易（Technical trading）的代表性人物，理查德·丹尼斯（Richard Dannis）闻名于世，他以区区 2000 美元的资本累计赚取了高达 10 亿美元的利润，而且持续了数十年的交易时间。更令人惊奇的是他以技术分析方法进行商品期货买卖，也就是以价格作为分析的核心。但是，理查德·丹尼斯的伟大远不止于此，这就好比亚历山大的伟大远不止于他建立了地跨欧亚非的大帝国一样，丹尼斯的"海龟计划"使得目前世界排名前十的 CTA 基金经理有六位是其门徒。"海龟交易法"从此名扬天下，纵横寰球数十载，今天中国内地也刮起了一股"海龟交易法"的超级风暴。其实，海龟交易法的核心在于两点：一是"周规则"蕴含的趋势交易思想；二是资金管理和风险控制中蕴含的机械和系统交易思想。所谓"周规则"（Weeks' Rules），简单而言就是价格突破 N 周内高点做多（低点做空）的简单规则，"突破而作"（Trading as Breaking）彰显的就是趋势跟踪交易（Trend Following Trading）。深入下去，"周规则"其实是一个交易系统，其中首先体现了"系统交易"（Systematic Trading）的原则，其次是体现了"机械交易"（Mechanical Trading）的原则。对于这两个原则，我们暂不深入，让我们看看更令人惊奇的事实。

巴菲特（Warren Buffett）和索罗斯（Georgy Soros）是基本面交易（Fundamental investment & Speculation）的最伟大代表，前者 2007 年再次登上首富的宝座，能够时隔

多年后二次登榜，实力自不待言，后者则被誉为"全世界唯一拥有独立外交政策的平民"，两位大师能够"登榜首"和"上尊号"基本上都源于他们的巨额财富。从根本上讲，是卓越的金融投资才能使得他们能够"坐拥天下"。巴菲特刚踏入投资大门就被信息论巨擘认定是未来的世界首富，因为这位学界巨擘认为巴菲特对概率论的实践实在是无人能出其右，巴菲特的妻子更是将巴菲特的投资秘诀和盘托出，其中不难看出巴菲特系统交易思维的"强悍"程度，套用一句时下流行的口头禅"很好很强大"，恐怕连那些以定量著称的技术投机客都要俯首称臣。巴菲特自称85%的思想受传于本杰明·格雷厄姆的教诲，而此君则是一个以会计精算式思维进行投资的代表，其中需要的概率性思维和系统性思维不需多言便可以看出"九分"！巴菲特精于桥牌，比尔·盖茨是其搭档，桥牌运动需要的是严密的概率思维，也就是系统思维，怪不得巴菲特首先在牌桌上征服了信息论巨擘，然后又征服了整个金融世界。由此看来，巴菲特在金融王国的"加冕"早在桥牌游戏中就已经显出端倪！

索罗斯的著作一箩筐，以《金融炼金术》最为出名，其中他尝试构建一个投机的系统。他师承卡尔·波普和哈耶克，两者都认为人的认知天生存在缺陷，所以索罗斯认为情绪和有限理性导致了市场的"盛衰周期"（Boom and Burst Cycles），而要成为一个伟大的交易者则需要避免受到此种缺陷的影响，并且进而利用这些波动。索罗斯力图构建一个系统的交易框架，其中以卡尔·波普的哲学和哈耶克的经济学思想为基础，"反身性"是这个系统的核心所在。

还可以举出太多以系统交易和机械交易为原则的金融大师们，比如伯恩斯坦（短线交易大师）、比尔·威廉姆（混沌交易大师）等，太多了，实在无法一一述及。

那么，从抽象的角度来讲，我们为什么要迈向系统交易和机械交易的道路呢？请让我们给你几条显而易见的理由吧。

第一，人的认知和行为极其容易受到市场和参与群体的影响，当你处于其中超过5分钟时，你将受到环境的催眠，此后你的决策将受到非理性因素的影响，你的行为将被外界接管。而机械交易和系统交易可以极大地避免这种情况的发生。

第二，任何交易都是由行情分析和仓位管理构成的，其中涉及的不仅仅是进场，还涉及出场，而出场则涉及盈利状态下的出场和亏损下的出场，进场和出场之间还涉及加仓和减仓等问题，这些涉及多次决策，在短线交易中更是如此。复杂和高频率的决策任务使得带有情绪且精力有限的人脑无法胜任。疲劳和焦虑下的决策会导致失误，对此想必是每个外汇和黄金短线客都深有体会的。系统交易和机械交易可以流程化地反复管理这些过程，省去了不少心力成本。

第三，人的决策行为随意性较强，更为重要的是每次交易中使用的策略都有某种程度上的不一致，这使得绩效很难评价，因为不清楚 N 次交易中特定因素的作用到底如何。由于交易绩效很难评价，所以也就谈不上提高。这也是国内很多炒股者十年无长进的根本原因。任何交易技术和策略的评价都要基于足够多的交易样本，而随意决策下的交易则无法做到这点，因为每次交易其实都运用了存在某些差异的策略，样本实际上来自不同的总体，无法用于统计分析。而机械交易和系统交易由于每次使用的策略一致，这样得到的样本也能用于绩效统计，所以很快就能发现问题。比如，一个交易者很可能在 1，2，3，…，21 次交易中，混杂使用了 A、B、C、D 四种策略，21 次交易下来，他无法对四种策略的效率做出有效评价，因为这 21 次交易中四种策略的使用程度并不一致。而机械和系统交易则完全可以解决这一问题。所以，要想客观评价交易策略的绩效，更快提高交易水平，应该以系统交易和机械交易为原则。

第四，目前金融市场飞速发展，股票、外汇、黄金、商品期货、股指期货、利率期货，还有期权等品种不断翻新花样，这使得交易机会大量涌现，如果仅仅依靠人的随机决策能力来把握市场机会无疑于杯水车薪。而且大型基金的不断涌现，使得仅靠基金经理临场判断的压力和风险大大提高。机械交易和系统交易借助编程技术"上位"已成为了这个时代的既定趋势。况且，期权类衍生品根本离不开系统交易和机械交易，因为其中牵涉大量的数理模型运用，靠人工是应付不了的。

中国人相信人脑胜过电脑，这绝对没有错，但未必完全对。毕竟人脑的功能在于创造性解决新问题，而且人脑容易受到情绪和经验的影响。在现代的金融交易中，交易者的主要作用不是盯盘和执行交易，这些都是交易系统的责任，交易者的主要作用是设计交易系统，定期统计交易系统的绩效，并做出改进。这一流程利用了人的创造性和机器的一致性。交易者的成功，离不开灵机一动，也离不开严守纪律。当交易者参与交易执行时，纪律成了最大问题；当既有交易系统让后来者放弃思考时，创新成了最大问题。但是，如果让交易者和交易系统各司其职，则需要的仅仅是从市场中提取利润！

作为内地最早倡导机械交易和系统交易的理念提供商（Trading Ideas Provider），希望我们策划出版的书籍能够为你带来最快的进步，当然，金融市场没有白拿的利润，长期的生存不可能夹杂任何的侥幸，请一定努力！高超的技能、完善的心智、卓越的眼光、坚韧的意志、广博的知识，这些都是一个至高无上交易者应该具备的素质。请允许我们助你跻身于这个世纪最伟大的交易者行列！

Introduction   Secret to Become a Great Trader!

◇ Greatness does not derive from mere luck!

◇ The reason that an ordinary man fails is that he hopes to achieve different outcome using the same old way!

◇ There would not be so plenty fake truths if it was an easy thing to distinguish correct sayings from incorrect ones.

Financial trading is the freest occupation in the world, for every trader can develop a set of profit −making methods tailored exclusively for himself. There are various specific methods of soliciting money from market; while this is the very reason that why financial market is so fascinating. However, just like the ever−changing world is indeed dictated by a few rules, the only "Holy Grail" is worshipped by numerous great traders as well. In the following, we will examine the greatest representatives among them one by one.

As a representative of Techincal Trading, Richard Dannis is known worldwide. He has accumulated a profit as staggering as 1 billion dollar while the cost was merely 2000 bucks! He has been a trader for more than a decade. The inspiring thing about him is that he conducted commodity futures trading with a technical analysis method which in essence is price acting as the core of such analysis. Nevertheless, the greatness of Richard Dannis is far beyond this which is like the greatness of Alexander was more than the great empire across both Europe and Asia built by him. Thanks to his "Turtle Plan", 6 out of the world top 10 CTA fund managers are his adherents. And the Turtle Trading Method is frantically well−known ever since for a couple of decades. Today in mainland China, a storm of "Turtle Trading Method" is sweeping across the entire country. The core of Turtle Trading Method lies in two factors: first, the philosophy of trendy trading implied in "Weeks' Rules"; second, the philosophy of mechanical trading and systematic trading implied in fund

management and risk control. The so-called "Weeks' Rules" can be simplified as simples rules that going long at high and short at low within N weeks since price breakthrough. While Trading as breaking illustrates trend following trading. If we go deeper, we will find that "Weeks' Rules" is a trading system in nature. It tells us the principle of systematic trading and the principle of mechanical trading. Well, let's just put these two principles aside and look at some amazing facts in the first place.

The greatest representatives of fundamental investment and speculation are undoubtedly Warren Buffett and George Soros. The former claimed the title of richest man in the world in 2007 again. You can imagine how powerful he is; the latter is accredited as "the only civilian who has independent diplomatic policies in the world". The two masters win these glamorous titles because of their possession of enormous wealth. In essence, it is due to unparalleled financial trading that makes them admired by the whole world. fresh with his feet in the field of investment, Buffett was regarded by the guru of Information Theory as the richest man in the future world for this guru considered that the practice by Buffett of Probability Theory is unparallel by anyone; Buffett' wife even made his investment secrets public. It is not hard to see that the trading system of Buffett is really powerful that even those technical speculators famous for quantity theory have to bow before him. Buffet said himself that 85% of his ideas are inherited from Benjamin Graham who is a representative of investing in a accountant's actuarial method which requires probability and systematic thinking. The interesting thing is that Buffett is a good player of bridge and his partner is Bill Gates! Playing bridge requires mentality of strict probability which is systematic thinking, no wonder that Buffett conquered the guru of Information Theory on bridge table and then conquered the whole financial world. From these facts we can see that even in his early plays of bridge, Buffett had shown his ambition to become king of the financial world.

Soros has written a large bucket of books among which the most famous is *The Alchemy of Finance*. In this book he tried to build a system of speculation. His teachers are Karl Popper and Hayek. The two thought that human perception has some inherent flaws, so their students Soros consequently deems that emotion and limited rationality lead to "Boom and Burst Cycles" of market; while if a man wants to become a great trader, he must overcome influences of such flaws and furthermore take advantage of them. Soros tried to build a systematic framework for trading based on economic ideas of Hayek and philosophic thoughts

of Karl Popper. Reflexivity is the very core of this system.

I may still tell you so many financial gurus taking systematic trading and mechanical trading as their principles, for instance, Bernstein (master of short line trading), Bill Williams (master of Chaos Trading), etc. Too many. Let's just forget about them.

Well, from the abstract perspective, why shall we take the road to systematic trading and mechanical trading? Please let me show you some very obvious reasons.

First. A man's perception and action are easily affected by market and participating groups. When you are staying in market or a group for more than 5 minutes, you will be hypnotized by ambient setting and ever since that your decisions will be affected by irrational elements.

Second. Any trading is composed of situation analysis and account management. It involves not only entrance but exit which may be either exit at profit or exit at a loss, and there are problems such as selling out and buying in. all these require multiple decision–makings, particularly in short line trading. Complicated and frequent decision–making is beyond the average brain of emotional and busy people. I bet every short line player of forex or gold knows it well that decision–making in fatigue and anxiety usually leads to failure. Well, systematic trading and machanical trading are able to manage these procedures repeatedly in a process and thus can save lots of time and energy.

Third. People make decisions in a quite casual manner. A more important factor is that people use different strategies in varying degrees in trading. This makes it difficult to evaluate the performance of such trading because in that way you will not know how much a specific factor plays in the N tradings. And the player can not improve his skills consequently. This is the very reason that many domestic retail investors make no progress at all for many years. Evaluation of trading techniques and strategies shall be based on plenty enough trading samples while it's simply impossible for tradings casually made for every trading adopts a variant strategy and samples accordingly derive from a different totality which can not be used for calculating and analysis. On the contrary, systematic trading and mechanical trading adopt the same strategy every time so they have applicable samples for performance evaluation and it's easier to pinpoint problems, for instance, a player may in first, second ... twenty–first tradings used strategies A, B, C, D. He himself could not make effective evaluation of each strategy for he used them in varying degrees in these

tradings, but systematic trading and mechanical trading can shoot this trouble completely. Therefore, if you want to evaluate your trading strategies rationally and make quicker progress, you have to take systematic trading and mechanical trading as principles.

Fourth. Currently the financial market is developing at a staggering speed. Stock, forex, gold, commodity, index futures, interest rate futures, options, etc, everything new is coming out. So many opportunities! Well, if we just rely on human mind in grasping these opportunities, it is absolutely not enough. The emergence of large-scale funds makes the risk of personal judgment of fund managers pretty high. Take it easy, anyway, because we now have mechanical trading and systematic trading which has become an irrevocable trend of this age. Furthermore, derivatives such as options can not live without systematic trading and mechanical trading for it involves usage of large amount of mathematic and physical models which are simply beyond the reach of human strength.

Chinese people believe that human mind is superior to computer. Well, this is not wrong, but it is not completely right either. The greatness of human mind is its creativity; while its weakness is that it's vulnerable to emotion and past experiences. In modern financial trading, the main function of a trader is not looking at the board and executing deals—these are the responsibilities of the trading system—instead, his main function is to design the trading system and examine the performance of it and make according improvements. This process unifies human creativity and mechanical uniformity. The success of a trader is derived from tow factors: smart idea and discipline. When the trader is executing deals, discipline becomes a problem; when existing trading system makes newcomers give up thinking, creativity becomes dead. If, we let the trader and the trading system do their respective jobs well, what we need to do is soliciting profit from market only!

As the earliest Trading Ideas Provider who advocates mechanical trading and systematic trading in the mainland, we hope that our books will bring real progress to you. Of course, there is no free lunch. Long-term existence does not merely rely on luck. Please make some efforts! Superb skill, perfect mind, excellent eyesight, strong will, rich knowledge—all these are merits that a great trader shall have to command. Finally, please allow us to help you squeeze into the queue of the greatest traders of this century!

译者序
江恩者，交于易

最初做交易的时候，看了一些江恩理论的相关书籍，但是这些书籍基本上都不是江恩本人的著作。在长年的交易实践中这些东西逐渐被淘汰了，因此对江恩理论并无太多的在意，也没有太高的评价。这就是一个从肯定到否定的过程，直到这两年有机会直接阅读江恩的一些原著，才发现他在很多问题上的见解比 Jesse Livermore（J.L.）更为透彻，因此才发现很多所谓江恩理论的书籍其实并没有抓住江恩理论的实质。这就是否定之否定的阶段，三段论其实体现了"易"的原则。

江恩强调"周期"和"点位"，周期可以用均线来体现，但是江恩更倾向于用时间本身来体现。他研究了修正走势所花的时间，这点与罗伯特·雷亚以及 J.L.的思路类似，他们都想要通过统计手段对修正走势的时间和幅度分布做出一个"正态分布曲线"，这样他们就能大概率地预判出上涨趋势中的回调以及下跌趋势中的反弹什么时候会结束。这种思路其实是非常科学的，至少符合统计学的原理。虽然"黑天鹅"事件会让这种思路失效，但如果配合严格的止损，那么就可以在利用大概率事件的同时，限制小概率事件带来的负面冲击。

江恩注重从时间上找规律，这种规律可以通过今天的"大数据挖掘"手段实现，其实体现了技术分析统计化的科学进程。但是，我们在解读江恩理论的时候则更多地喜欢从玄学的角度出发，因此在理解时间周期的时候会偏离更加符合科学的路径。

早年在学习江恩理论的时候，更倾向于寻找"神奇的数字和日期"，这些做法会有一些收获，但是真正的交易实践和盈利是靠不了这些东西的，至少主要靠的不是这些东西，这就是一个理论大师和一个实践巨匠的鸿沟。在学习理论的时候，我们要从少到多，从无知到博学，这个过程是必然的；在实践理论的时候，我们要由博返约，从博学到超能，这个过程也是必然的。**先做加法，再做减法，这是任何领域登顶者都要**

经历的两个阶段。

在学习江恩理论的时候，我们喜欢做加法，这是正常的过程，我们会对江恩理论的所有方面都感到有兴趣，都会花时间去钻研，从江恩的时间周期理论到市场几何学。

不过，当你落实到实践时，你可能会发现江恩在《华尔街选股术》一书中提出的"24条永恒的交易法则"是最有价值的部分，在这个部分他更加系统地表达了他自己的策略基础。在《盘口真规则》一书中，江恩常常提到"金字塔顺势加码"的问题，这是最大的亮点之一。在《盘口真规则》一书中，他还提出了"筹码"这一极其重要的分析因素，也对我有很大的启发。而在《股票趋势研判术》一书中，江恩对成交量的剖析鞭辟入里，同时他对预期和筹码的分析也相得益彰。

易者，变异者也！阴阳之变，不可计数！市场之变，也不可计数！市场体现了阴阳，体现了易的本质。交易者，与市场相交也！交易者，与易相交也！江恩理论的本质在于强调周期与点位的二元性，周期与点位就是阴阳。周期者，隐而不见则为阴！点位者，显而有形则为阳！

因此，**江恩者，交于易**。从周期和点位入手去解读江恩理论，可以真正落地到实践中，可以少走弯路。把握周期和点位，落实于"截断亏损，让利润奔腾"，这才是江恩理论与交易实践的最佳结合。

一家之言，偏颇之处还请大家斧正赐教！

魏强斌

2017年12月12日　初稿于内罗毕

2018年2月12日　二稿于仰光

2018年4月2日　三稿于成都

2018年4月13日　四稿于成都

原著序
教学相长，只为前行

一个人要想写出长盛不衰的传世经典，就必须放下功名利禄，只有对他人有所裨益的作品才是最好的作品。如此，受益良多，则感激之情越深。

我在1923年撰写了《盘口真规则》一书，当时是出于授人以渔的目的。人们对股票交易方面的专业知识存在极大的需求，而我能够分享一些自己的有益经验。在《盘口真规则》这本书当中，我贡献了最好的交易策略，当然也得到了相应的回报。读者们肯定了我的努力和付出，此书畅销不衰，饱受赞誉。对此，我倍感欣慰。

1929年，股价随着大牛市的喧嚣涨到了高位。新时代的论调不绝于耳，我觉得有必要写一本应时之作来振聋发聩，于是我在1930年的春天撰写了《华尔街选股术》这本书。在这本书当中，我将自己的经验和知识和盘托出，期待让更多人从中获益。这本专著不仅让读者在牛市顶峰全身而退，而且让他们从容获利。这本书的读者热捧它为最佳的证券交易类书籍，目前仍然畅销，我再度从中获得了足够的回报和快乐。

没有任何一个人能够掌握股票市场未来3年、5年、10年，甚至20年的走势，因为没有任何一个人拥有做出这样久远判断所需要的全部知识。学海无涯苦作舟，如果他能够深入市场，躬身实践，不断总结反思，则多年以后离完美的境界会更近，他会掌握更多有关市场规律和趋势的经验与知识。

就个人而言，我在1923年就比1911年拥有了更多研判股票趋势的经验与技巧。7年的沉淀，让我能够在1930年撰写《华尔街选股术》一书，读者也能从这本书中分享到我最近数年的进步。

从1930年到现在，5年时光流逝，我在股市实践中进一步积累了丰厚的法则和经验，从其中获得了一些新的交易法则。

1929~1932年的大恐慌以及随之而来的大事件让我获得了十分宝贵的经验，如何选择股票，如何判断趋势，我已经掌握了更多的相关经验和技巧。将这些新东西分享给

大家，传授给明白其价值的读者，我并无任何损失。

无数的读者来信要求我撰写一本新书，我又一次回应了这种需求，撰写了《股票趋势研判术》。我认为本书会进一步帮助大家避开陷阱，走上通向成功的坦途，登堂入室，获得真知。我的努力也会再次获得足够的回报。

W.D.江恩

1936 年 1 月 1 日

于纽约华尔街 88 号

目　录

不管是纽约证券交易所的股票价格，还是芝加哥期货交易所的合约价格，都是由供求关系决定的。不管交易的主体是散户、主力，还是庄家，当空头力量大于多头力量的时候，价格就会下跌；当多头力量大于空头力量的时候，价格就会上涨。

真正的赚钱策略都是来自实践的总结。经典书籍和别人的经验只是给了一个实践的方向，真正有用的东西都是从亲身实践中发掘和完善出来的。

一切疯狂的资产泡沫都不能简单地归咎于人性。信贷宽松、资本流入和实体经济不振，加上故事提升的风险偏好，才是资产泡沫产生的根源。

第四章 个股与指数 ··· 033

时代在变迁，也在轮回。如果你只看到轮回的一面，则会陷入到历史的窠臼中；如果你只看到变迁的一面，则容易重蹈覆辙。与江恩比起来，查尔斯·道更加谦虚，他从未说过自己的思想可以称为理论，也没有宣称自己的理论可以用来预判股市，但是他的思想却经过几代大家的归纳和创新，流传至今。江恩有可取之处，但并非都可取，择其善者而从之，其不善者而改之。

第五章 股票趋势研判的新法则 ···················· 039

什么样的股票是我们的目标股呢？成交活跃，并且有明确趋势，也出现了明确买卖信号的个股。股市上总会存在一些图形怪异、不符合交易法则的股票，交易者最好远离它们。倘若一只股票长期处于窄幅震荡的状态，那么就不要去介入。等待这种股票某日放量向上突破了震荡区间的上边缘或者放量跌破了震荡区间的下边缘，这个时候再介入才算当机乘势！

第六章 成交量 ··· 071

现代行为金融学的研究表明，上涨过程中比下跌过程中的成交量更大，主要原因是"倾向效应"导致的。也就是说，在面对浮盈时，人倾向于及时兑现；在面对浮亏时，人倾向于死守头寸。

第七章 一个实用的交易策略 ······························· 083

如何确认趋势？N 字顶部或者底部是从形态出发确认趋势开始；N%则是利用价格幅度确认趋势开始，与江恩的"10 点幅度"类似；还有 N 期高点或者低点突破确认法，这是海龟交易法的基础。

第八章　股市的未来

如果大众一致坚信某件事情会发生，或者是某件事情已经发生了，那么市场通常应对这件事情贴现了，价格已经体现了这一预期或者事实。当大众都在讨论通胀，都认为股价和商品期货的合约价格会大涨时，这样的预期现在已经体现到价格中了。1933 年后出现的通胀已经体现在了价格当中，而现在通胀紧缩的迹象明显了，金融市场已经开始贴现 1936 年秋季大选前的通货紧缩预期了。

华尔街的新气象

市场试图通过"单边—震荡"的中期交替来消灭一切单一系统的交易者。格局变了，那么策略就要相应地变化。

——魏强斌

我的两本专著《盘口真规则》（Truth of The Stock Tape）和《华尔街选股术》（Wall Street Stock Selector）分别在 1923 年和 1930 年公开出版。此后，世界经济遭受了史上最严重的大衰退，引发了全社会的巨大恐慌。股市也深受其害，出现了最大规模的暴跌，下行趋势持续到 1932 年 7 月 8 日才结束，市场在此点位附近构筑底部。

股票市场从 1929 年开始出现了新的变化，因为一些新的法律法规出台使得市场的运作方式出现了新气象。**证券交易监管方案的出台使得整个股票市场的交易方式出现了彻底的变化，因此交易者需要制定新的交易策略和法则以便与时俱进。**

正如《圣经》所言：陈旧之物逝去，新来之物将取而代之；睿智之人改变其思想，愚蠢之人，抱残守缺。**当格局出现重大变化时，不能识时务同变化的人，或者无法制定新策略的人，必然沦为失败者。**

我们处于大变化的时代前沿，应该奋力向前，而非龟缩退后。秉持开放的心智，而不是作茧自缚，刻舟求剑。如果

曾经有专业的交易策略研究机构对一百年来的商品交易策略和系统进行过研究，他们发现存在一种十几年的周期循环模式：如果这十几年趋势跟踪交易系统特别有效，那么此后十几年高抛低吸的震荡交易系统则更为有效。从这里你会发现，市场试图通过"单边—震荡"的中期交替来消灭一切单一系统的交易者。格局变了，那么策略就要相应地变化，如何让策略之间优胜劣汰呢？让两个以上的策略在市场中同时运行，让它们竞争以便获得相应的资金分配。

我们不能紧跟时代的步伐，那么就会沦为时代的弃儿。

亨利·福特（Henry Ford）凭借推出老款 T 型轿车从市场中赚到了数亿美元的巨大财富。在当时，这款车型广受欢迎和好评，福特本人也非常满意这款车。不过，社会在发展，人们的需求和审美也在变化，更高的要求出现了。人们渴望效能更好、更加时尚的新车型。

福特当然属于睿智之人的行列，他敏锐地觉察到了这些征兆，于是他应势变化，转变了设计思路。在大衰退的中期，他果断地关停了老款车型的生产线，并且新追加了 1 亿美元的投资用来开发一款新车，正如大男孩们所说："他将福特老掉牙的破车摇身一变，成了落落大方的时尚女神新款！"

驱使福特开发新款车型的根本动力，并非想要赚更多的钱，对金钱的渴望并非是首要因素。相反，是创新的伟大商业梦想和渴望持续进步的尊严使得他不断前行和革新。成人之美的崇高梦想，具体来讲就是让大众买到性价比最高的车的动力，使得福特迎难而上。

大众对新款车的反响是热烈的，这款车成了最受欢迎的热门车型。此后，**福特每年都会对这款车进行一定的改进和完善**。到目前为止，1936 年款车型是最佳的车型。

别有用心且小肚鸡肠的政客们总是出于自己的私利而抨击华尔街，他们将屎盆子扣在华尔街从业者的头上，让大众认为纽交所和股票经纪人是社会和经济问题的罪魁祸首。其实，在世界所有行业中，纽约证券交易所的会员们可能具有最高的信用等级，因为全世界所有的人恐怕都不会像这些会员一样如此兢兢业业地遵守合同和法规。

在其他行业中，买卖双方签署合同是为了在此后的时间里交付比如木材和纺织品等不同价格和等级的商品。如果此后这些商品的价格上涨了，那么买方就会极力促成卖方履约；相反，如果此后这些商品的价格下跌了，那么买方就会想办法毁约，而卖方则会竭力维护合同。有一位颇有商业成就的木材商人，给我写了一封信，其中有这么一段话：

作为交易者，你是否也定期对自己的策略绩效进行科学及时的回顾呢？你是否定期完善你的交易策略呢？一切反馈都是最好的礼物！你是否接受上天赐予你的最好礼物呢？

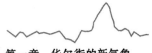

在木材的买卖中，即便你能够预测准确未来木材的价格变化，也无法从中获得利润。原因很简单：如果木材价格此后出现了下降，那么买方往往会毁约；如果价格此后出现了上涨，那么买方就有利可图了，因此他们会催促卖方尽快履约。作为木材供应商，在与作为大买主的工厂打交道的时候，这种情况非常普遍，很少有例外。

当木材价格在 1934 年上半年走跌时，我的公司的许多订单都被取消了。被取消的订单总额大概有 140 万立方尺。这些事情在你看来一定无法理解，因为在你工作的华尔街，毁约是不可思议的事情。在华尔街，长时间以来合同对买卖双方都有极强的约束能力。

如果筹码过于集中的话，那么违约的现象仍旧会发生。一些衍生品交易中，违约现象出现得比较频繁，就在于筹码过度集中在少数人手中。

我个人非常推崇华尔街的履约能力和交易方式。亲自参与华尔街的交易已经 10 年了，我认为世界上再也不存在类似于这里的地方了。这里的交易必须恪守合约，违约和毁约的现象不会出现在这里，这样的交易也无法在其他地方寻找到，诚实守信是这里的普遍现象。

我从未听闻任何一名纽交所的会员曾经试图违约。当一位拥有纽交所会员资格的经纪人通过手势表明买入或者卖出股票后，那么他就会恪守合约，因为这关系着他的信誉，而信誉是华尔街商业的关键所在。此后，不管股价与他的预期如何不符，也不管损失有多么巨大，他绝不会违约。经纪人不会耍小心眼赖账，他会认真地履行合同，完成交割和结算。

无论是纽交所的经纪人，还是经理，他们都是诚实可靠的。大众搞不清楚纽交所的职能。其实，纽交所只是一个撮合买卖双方交易的平台，它提供相应的交易和结算设备及服务。而那些纽交所的会员不应该对联合坐庄的主力以及场外交易的欺诈行为负责。

以前，一些在股票市场掀起腥风血雨的庄家们操纵起股票来毫无顾忌，但是他们的行径却误导了大众，以至于大众认为是纽交所及其会员在搞鬼。事实上，纽交所的经纪会员只不过从交易中抽取佣金和手续费而已，他们为了留住客户

交易有两个驱动因素：价值和筹码！价值的估算属于预期的范畴，因此我们交易的是预期，而不是价值本身。价值本身是无法绝对客观地计算的。就筹码而言，机会的稀缺性是追逐筹码的肇因。如果没有机会，或者机会不稀缺，那么筹码也就变得没有意义了。预期和筹码，请永远记得我的殷切嘱咐。

这次证券市场的大变革敲响了杰西·利弗摩尔（Jesse Livermore）职业生涯的晚钟。《证券交易法》之前是 J. L. 的时代，之后是格雷厄姆的时代。具体的分析可以参考《股票作手回忆录：顶级交易员深入解读》。

会尽力提供最佳的经纪服务。

从整体上来讲，纽交所对于大众的福祉是有裨益的。我国的大部分制造业厂商都在这里上市交易，这使股份的买家和卖家得以及时了解到交易价格。如果证券交易所不存在，交易和结算都变得非常困难，当人们急需资金而变卖股票时，就没有能够及时变现股份的场所。总之，纽交所自 1792 年存在至今的事实进一步证明了其存在有其必要性和合理性，否则早就关门了。

数年以来，华尔街和纽交所的运营方式都被认为是最有效的，无须任何改变。不过，此后新的措施出台，《证券交易法》（Securities Exchange Law）实行，所有这些新的变化使得交易者不得不相应地改变其策略和法则。其实，早在上述举措和法规出台生效之前，纽交所已经在进行一些变革了，开始采用一些新的运营方式，并向公众增加了业务的透明度。

何以苛责华尔街和纽交所

如果有人从股票上挣到了钱，那么他们几乎不会为此感谢华尔街和经纪人，以及其他帮助他们获利的人，因为他们往往认为全是自己的能耐和功劳。既然如此，当他们赔钱的时候，又有什么理由去怨天尤人呢，有什么理由去苛责他人呢？

倘若你在股票交易中亏了钱，不要听任政客的蛊惑，认为庄家或者是纽交所是你亏钱的罪魁祸首，其实他们只不过是替罪羊而已。股票交易是你心甘情愿的，没有人强迫你去做股票交易。你之所以买入或者做空股票，无非是想要从中赚钱而已。如果得偿所愿，也别得意忘形；如果事与愿违，也别怨天尤人，当然也不要自暴自弃，做出一些愚蠢的举动。

倘若你因为疏忽大意闯到一辆遵守法规运行的车的前面

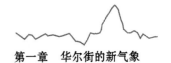

而被撞伤，你绝不会去指责车辆或者司机。如果因为个别人被汽车撞死就颁布法规禁止汽车上路，这种荒唐的做法是不可取的。同样的道理也可以推广到股市上，不能因为有人在股市上赔了钱就到国会上发表演讲，宣称应该关闭证交所。多年以来，一些无知或者别有用心的政客持续在国会煽动议员们限制证交所和商品期货交易所的运营。事实上，他们想要限制的恰恰是对大众有益的行为，这种做法其实损害了大众的福祉。

不可因噎废食。

供求定律（The Law of Supply and Demand）

不管是纽约证券交易所的股票价格，还是芝加哥期货交易所的合约价格，都是由供求关系决定的。不管交易的主体是散户、主力，还是庄家，当空头力量大于多头力量的时候，价格就会下跌；当多头力量大于空头力量的时候，价格就会上涨。而交易所的会员们并非庄家，他们只是交易双方的代理而已。新的证券交易法规出台之前，股票价格会受到庄家和游资大户的操纵，但不能这样去怪罪交易所，因为它们仅仅充当了撮合和结算的角色。

倘若你能够发现主力们在股市中操作的规律，那么你就会跟随他们一起行动，这样就可以从股市中盈利了。如果你知道主力们在个股上的动作，那么必然选择与庄家共舞。

经常有人询问我如何才能轻松地从股市中挣到钱，或者说如何快速地从股市中挣到钱。我给出的答案是：如果你没有掌握股市的规律，不具备相应的技能，那么就绝不可能从股市中挣到足够的利润。

一分耕耘，一分收获。如果你能够下功夫去研究庄家在股市中运作的手法，并且与庄神通，顺势而为，那么就能有所斩获。当你具备相应的能力，跻身于"华尔街神探"的行

每一个玩家都有特定的规律，做黑马股的游资，做白马股的机构，操纵妖股的庄家，这些都是主力，你能分辨得出他们的行为特征吗？龙虎榜提供了一个可以入门的窗口，看看那些代表性的席位有些什么行为规律，你能够从中获得什么机会。

列，你就能洞悉主力们的一举一动。通过对多空力量对比的研究，通过揣摩供求关系，你就能分析出主力们正在参与的股票以及未来的动向。具体而言，交易者需要观察每只股票的日成交量情况、股价的最高价和最低价等，这些信息从全国各大报纸上就可以查询到。

分析主力动向，并不存在什么不为人知的诀窍，交易者恪守相关的法则即可。如果交易者下功夫分析了股票的供求关系，同时恪守了我的交易法则，就能够判断得出股票以后的走势情况，也能够从市场中赚到相应的利润。

新形势下的市况

对股市的参与者们而言，新出台的相关法律和法规，已经对股市的格局产生了深远的影响。价格虚高的发行价已经被新的证券交易法规禁止了；自营经纪商只能为自己做交易；做空交易也受到了相应的限制和约束；保证金要求提高了，而这降低了股市整体的成交量；印花税等证券交易相关的税金提高了，这就使得交易者倾向于更长时间的持股周期。一旦卖出股票，那么就会缴纳一次税金，交易的次数越频繁，则缴纳的税金就越多。上述因素整体上抑制了投机氛围，从技术层面上改变了市况。做空交易减少了，庄家也受到了抑制，自营经纪商也就无法动用更多资金来参与市场。

或许在不远的未来，股市就会因为投机力量遭受严重削弱而出现下跌走势。因为缺乏足够的投机力量，股票的买卖价格会相差巨大，市场的流动性大幅降低。当卖家众多时，可能缺乏足够的买家，成交变得异常困难。

此外，高额的保证金也会对股市本身产生消极的影响，从而使得股市出现幅度更大的下跌。原因在于，当人们需要缴纳40%到60%的保证金时，他们的交易量就会显著下降，

美国股市当年的改革与A股2017年的情况类似，短期引发了市场的动荡，长期来看促进了资本市场的健康发展。A股徐翔的谢幕与J.L.的谢幕其实都是在相同的宏观大背景下发生的，中国资本市场在全球的崛起确实需要这样的阵痛，不过一切付出都是值得的。不过，江恩作为一个投机者不愿意"投机黄金时代"的逝去，因此对此大加鞭挞。投机的黄金时代是资本市场野蛮生长的时代，一旦资本市场开始步入成熟，则投资的黄金时代来临，投机则进入"白银时代"。当社会动荡，经济和金融危机蔓延，战争来临时，投机则会重回王座。

而且对股票的需求也显著下降了。当保证金显著提高时，必然迫使持股者增加保证金，或者卖出股票，而这会加重市场的抛压。

我个人的意见是，国会通过的约束股票交易的法案将在未来被证明是有害的，它们不利于大众参与资本市场。正如罗斯福政府颁布的许多新法案和政策有损公众福祉一样，证券市场的相关法案和政策也一样有害大众的利益，因此最高法院认为需要宣布这些法案和政策是不符合宪法规定的。

交易制胜的基石

智慧是最为重要的，一旦具备智慧，就能洞悉一切事物的本质。

——谚语

当你交易股票的时候，是否曾经停下来反思自己为什么会亏损？你是否花时间分析过自己亏损的根源？如果你能够这样去总结和思考，那么就会发现，你之所以亏损，是因为你抱着赚钱的希望去买入，或者是听信了小道消息和谣传，甚至你根本没有任何合乎逻辑的分析，只不过是乱猜一气而已。

除了毫无理由地鲁莽入市以外，还存在一个导致你亏损的重要原因，那么就是不愿意坦承自己的判断出现错误。同时，也没有在交易中采取恰当的措施保护自己的资本。

不管你犯了什么错误，赔钱的具体原因为何，反正你是犯错的主体，你应该承担起相应的责任。亏钱的根源在于缺乏清晰而系统的交易法则、策略和计划，以至于很难把握到恰当的买卖时机。

在进行股票交易之前，你应该对其规律和法则有所了解，这样才能客观地看待股价涨跌，而不是抱着希望和恐惧在市场中惶惶度日。当情绪不能干扰你时，才能恰当地运用各种知识和技巧去大胆操作，最终成为市场赢家。

股票交易者应该对个股的情况有全面而透彻的理解，然

甄别趋势是第一步，顺应趋势是第二步。顺应趋势有两个要点：第一是截短亏损；第二是让利润奔腾。而这两个要点都可以通过跟进停损来完成。

最重要的交易法则是什么？

后基于《盘口真规则》和《华尔街选股术》，以及本书提供的交易法则进行操作。这样你就能掌握到交易股票所需要的各种知识和技能，顶得上一次系统的股票交易培训。

当交易者经过系统的训练之后，再进行股票交易就会变得更加睿智理性。此时，交易者不但具有理性和逻辑性，也会恪守清晰而系统的策略有条不紊地交易。交易者不会寄希望于股票按照自己的希望大涨，也不会被恐惧压得喘不过气来，因为股价下跌的可能性而寝食难安。交易者会学会一切从实际出发，从具体情况出发进行操作。同时，交易者还会采纳止损单保护自己的本金和利润。如此有章法地操作下去，才能真正从股市中赚到钱。

当交易者介入市场后，发现股价朝着不利的方向运动，这个时候存在什么最有效的处理办法呢？及时停损离场！止损单可以在各种情况下捍卫你的利益。

具体来讲，当交易者买入一只股票后，应该在买入价下方 1~3 美元的地方设置初始止损单。一旦你在进场的同时递交了止损单，那么即便你去外地或者是经纪人无法及时联系上你，也能够在不利的突发走势出现时，及时离场。当走势出现不利于你的头寸，并且触发止损单后，你的头寸就被自动了结了。

当你成了一位趋势交易者之后，每天只要很短一段时间的"触网"，就能够完成交易中一些必要的工作。因此，无论是在南太平洋的斐济，还是在加勒比海的巴拉德罗，交易者都能从容地完成自己的交易，并且享受到悠闲而美好的时光。

如果你没有提前预设止损单，等到经纪人联系上你的时候，价格可能已经到了更差的点位了。不过，对于预设了止损单的交易者而言，了结不利头寸的时机更加及时，因此可以更好地保护自己。当交易者学会利用止损单之后，就不用时刻紧盯行情的走势了，也不需要时刻保持与经纪人的联系，你的活动范围扩大了，自由度提高了。

如何获得高价值的信息呢？如何更好地研判未来的股价趋势呢？最好的办法是研究股价的历史波动情况，运用我在书中撰写的交易法则来指导交易。

鉴往以知来事。如果交易者知道一只股票过往的表现，就可以推断出未来的走势。**股票价格贴现了一切供求关系和**

交易数据。倘若交易者能够采取恰当而高效的方法对股价的走势进行研究，那么得到的信息将比从经纪人或者媒体，以及所谓内幕人士那里得到的信息更有价值。

> 只有被参与者意识和预期到的信息和数据才能被市场价格所贴现。

学会独立自主

一个人能够给予他人的最大帮助是展示如何自助。不管你是谁，如果你在交易股票的时候依赖于别人的建议，或者是小道消息，那么你就永远不会在投机和投资事业中获得成功。

交易者必须学会独立自主，在市场中摸爬滚打，不断研习和运用相关的交易法则和策略，在这个过程中逐步理解和完善。如此，交易者才能够具备信心和勇气去参与市场竞争。自助者，天助之，这种信心和勇气不是靠打气能够得来的，也不是他人能够给予的。

一个智者不能盲目地采纳别人的建议来处理自己的事务，除非他清晰地知道建议的依据和逻辑是什么。知其然，知其所以然。当交易者通过亲身实践，完全搞懂普遍的交易法则之后，他们就会成为华尔街上的"神探"。最终，他们能够准确地研判大势，信心坚定地操作。他们不会马后炮般地说："要是我能够早点知道克莱斯勒的利好消息是真实的，我就会买入 500 股，而不是仅仅买入 100 股。"

其实，克莱斯勒的股价此前已经给出了明确的看涨信号，因此他完全可以大胆地买入 500 股，而不是谨小慎微地仅仅买入 100 股。

亲爱的读者，不管你对什么事业感兴趣，都应该将这个领域的所有一切囊括于身心之中。**除了健康之外，金钱就是最重要的身外之物了。**因此，你应该下苦功夫，花费大量的时间和精力来研究股票市场，独立自主地进行股票交易，不要依赖于他人。

> 伟大的人物都是在学习和借鉴一切可借鉴之物的前提下，通过自己的大量实践和总结，逐渐发展出一套独特的个性化的策略。伟大的将领总是根据时代提供的新装备，发展出相应的新式战法，进而占据了时代的最高点。伟大的交易者也应该遵循同样的道路，独立自主地成长。

> 江恩的观点放在世间法当中并不算错，只不过人性高于兽性，低于神性，但最终是为了触摸神性，升华兽性而来的。这一生为何而来？你想清楚这个问题了吗？这个问题没搞明白，一辈子都不会取得真正的大成功，也不会得到持久的快乐。

清晰地计划你的交易成长之路

你现在就应该下定决心，制订一个明确而可行的计划，最终成为股市赢家。在交易股票的时候，你要果决地恪守交易法则，**不过在此之前你需要验证一下，看下哪些交易法则是真正有效的，是能够帮助你从市场中持续挣得利润的。**

在我的几本专著当中列出了的交易法则都是有效而实用的，你只需要较短的时间就会体会到这些法则的实际效果。许多购买了《盘口真规则》和《华尔街选股术》这两本书的读者都已经掌握这些法则，他们遵从这些法则，在市场上取得了不俗的成就。如果你能够下功夫去钻研这些法则，躬身实践，则也可以获得同样的成就。

我在过去的 35 年当中，持续研习和完善股票交易的法则与策略，年年都对这些东西进行改进和完善。直到今天，我仍然不断学习和提高。我在交易领域的最大发现基本上是在 1932~1935 年作出的。通过数年的研习，我对这套东西进行了简化，从而更便于运用。当其他人运用这套东西的时候，就会更加容易上手了。

化繁为简是我的宗旨，因此我删掉了一些无关核心的东西，通过删除细枝末节的东西，我减少了篇幅，可以让读者在更短的时间内获得进步。还要强调一句，在实践中正因为遵从这些法则我才获得了成功。

> 我没有江恩这么乐观，我认为购买经典交易书籍的人当中，有 10% 的人能够成为市场赢家就已经算创纪录了。

> 如果投机客只学一样技巧，应该学什么技巧？我认为是跟进止损单的使用技巧！

知识孕育成功

金融市场上的暴利只能来自知识。如果不下苦功夫，那

么就无法获得相应的知识。通过自身的努力，我现在已经成功了。如果你也像我一样下足功夫的话，那么同样也可以从股票市场上挣到大钱。苦心人，天不负，汗水将浇灌华尔街致富的花朵，未来的一天，或早或迟你将位列华尔街超级富豪之中。

示巴女王（Queen of Sheba）之所以拜访所罗门国王（King Solomon），是因为倾慕他的智慧，而非贪恋其财富与权力。正是所罗门的无上智慧使得他得到了示巴女王的爱慕。这是亚瑟·布里斯班（Arthur Brisbane）的观点，我对此深表赞同。

如果你真正掌握了股票和商品市场的制胜之道，那么赚钱对你而言并非难事。知识孕育了财富，没有了知识，你将无法获得或者保住财富。当你通过努力获得了相应的金融市场知识之后，你就踏上了财富自由的坦途，睿智的交易对于你而言并非难事。

市场赢家的要素

第一要素：知识

要想成为市场赢家，你必须具备相应的知识，这是最重要的条件。

现在，你就应该定下一个计划，每天花费半个小时到1个小时的时间来研究股市未来5年的大势。只有这样，你才能在实践中逐步累积出研判大盘和大势的心得，最终才能从市场中挣到钱。轻松致富的股市盈利之道并不是你寻找的东西，你需要做的是先下功夫去揣摩和分析这个市场。你投入到研究中的时间越多，则在股市上赚到的钱也越多。

真正的赚钱策略都是来自实践的总结。经典书籍和别人的经验只是给了一个实践的方向，真正有用的东西都是从亲身实践中发掘和完善出来的。

第二要素：耐心

如果你想要在股市上取得成功，那么这是第二个需要具备的要素。无论你是买入还是做空股票，都需要耐心地等待恰当的时机。在持有头寸期间，更需要耐心，直到趋势改变了才离场。

耐心的培养是在有明确交易规则的前提下。耐心是中性的东西，本身无所谓好坏。其好坏只能从是否遵从规则的角度来衡量。

第三要素：果断

可以给一个人世界上最好的枪，但是如果他不敢扣动扳机，那也等于零。你可以博览群书，了解一切知识，但是如果你不敢去运用的话，那也等于零。金融交易的情况也是一样的，如果你不去实践，不敢跳入市场去搏击风浪，那么也无法挣到钱。**掌握了恰当的方法，才能使一个人变得果断，才敢于在恰当的时机采取行动。**

心态和方法是两翼，实践是中心。

第四要素：健康

当你拥有了恰当的知识、足够的耐心，加上果断，那么你在市场中的胜算就已经很大了。但是，健康是必不可少的第四个要素。只有拥有了健康的身体，一个交易者才会有健全而积极的心智参与股市的激烈比拼。如果你健康状况糟糕，则你的精神状况也会变得很糟糕，恐惧将如影随形，你很难果断地进场或者离场。

如果没有在外旅游或者度假，我会在中午和晚上各花两个小时左右去河边散步一大圈。另外，强烈推荐Emotional Freedom Techniques（EFT），可以有效提升身心能量水平，参看附录二"金融交易者的身心健康法宝——EFT"。

交易这个行当，我已经历经无数春夏，其间也曾经在健康状况不佳的情况下操作，也见过其他人类似的情况。不过，我却从未见过有人在健康不佳的情况下还能从股市投机中挣钱的。

总之，如果你身体不适，就应该暂停参与交易，身体是最关键的，健康才是最大的财富。

第五要素：资本

当你具备上述成功要素之后，还得有一笔钱。如果你对

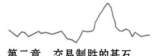

交易有自己的独到见解，同时对成长过程有耐心，那么可以从小笔资金开始。只要你**能够采用止损单，能够承受小额损失，不频繁交易，你最终会在股市上挣到大钱。**

　　切记，不要逆势而为！当你确认股票的趋势之后，不管你是抱着希望还是心怀恐惧，都应该先顺着这个预期中的趋势去操作，而不要受到情绪的干扰。

　　在本章最后，我请你认真阅读拙作《华尔街选股术》一书中第二章的 24 条交易法则，并且按照这些法则来交易股票。

第三章

历史在轮回中前行

在绝望中见底，在分歧中上涨或者下跌，在亢奋中见顶。分歧，则行情继续；一致，则行情反转！

——魏强斌

交易者通过对股票市场历史走势的研究，可以推断出未来股市的走势可能。如果你知道了历史上什么时期股市出现过暴涨，在什么时候出现过恐慌性暴跌，以及各层次的涨跌周期长度，你就能够判断得出未来的大盘与大势。你只需要牢记一点：不管股票市场和华尔街历史上发生过什么，都会再度出现。

未来股市的暴涨与暴跌，与历史上的毫无二致。为什么会这样呢？因为自然规律在起作用，时间与价格达到了某些节点。如果你想要在股市中挣钱，就必须趁势而为，操作要与股市的变化一致。

站在历史的角度来看，战争会极大地影响股票和商品市场的趋势。**战争爆发前，股市会出现恐慌情绪，先是暴跌，接下来则是暴涨。当战争结束时，股价会再度恐慌性暴跌，然后一轮新牛市开始启动。 这轮新牛市将突破战争期间的股市最高点。**所以，研究战争开始和结束时的股票和期货价格波动是非常重要的。未来，如果战争再度降临，你就有了参照，就能够预判股市将如何波动了。

谈重复，不要忘了变异。历史会重复，但不是简单地重复。凡是大众一致预期会出现的重复，都很难出现。

有兴趣的读者可以看一下第二次世界大战时的股市波动过程，从中你可以得到许多启发，特别是预期与股价的关系。

历史可以告诉我们未来。交易者通过研究过去股价从低点到高点的时间周期，以及牛市和熊市的持续时间，就能够指导未来的股票操作。下面，我就给出一些股票指数的历史数据。

江恩股票平均指数（W.D.Gann Average）

我们首先来看一下我在《华尔街选股术》一书中编制的江恩股票平均指数的历史数据（见表 3-1），从 1856 年到 1874 年的重要走势。

表 3-1 江恩股票平均指数的重要历史数据

序号	年份	重要走势
1	1856 年	1856 年 2 月见到最高点 95.5 点，进入筹码派发阶段。
2	1857 年	当年 1 月，指数见到牛市最后高点 92 点，接着步入暴跌，当时经济处于大恐慌之中。当年 10 月，股指见到底部。指数在半年之内下跌了 57 个点。
3	1858 年	股指在前期低点附近止跌企稳，回升持续到了当年 3 月，整个回升周期为 5 个月。
4	1859 年	上涨之后，股指出现下跌，当年 6 月见到低点，下跌周期持续 15 个月。
5	1860 年	前期见到低点之后，持续上涨 15 个月，9 月的时候刷新高点。
6	1861 年	指数在 3 月见到新低 48 点，此时已经下跌了大约 7 个月时间。这是南北战争股市繁荣期到来之前的最后一个低点。此后的上涨周期所花费的时间值得我们去深究，因为可以作为战争期间景气周期的参照。
7	1864 年	当年 4 月，指数升到 155 点，这个高点与前一关键低点相距 36 个月。上涨期间的回调时间都没有大于 2 个月时间。
8	1865 年	当年 3 月，指数见到低点 88 点。这轮下跌，幅度为 67 个点。当年 10 月，指数开始上涨，持续时间为 7 个月，见到高点 121 点。
9	1866 年	指数横盘整理了 4 个月时间，当年 2 月跌到 100 点关口。接下来，从这个低点开始回升，持续 8 个月后，到 10 月份已经升至了 121 点。从 1865 年的低点算起，上涨周期持续了 19 个月。
10	1867 年	指数先是经历了半年的下跌，在当年 4 月见到低点 104 点。接下来，股市走出一波牛市。
11	1869 年	指数在当年 7 月见到高点 181 点。从 1867 年 4 月算起，这轮牛市已经持续了 27 个月；如果从 1865 年 3 月的低点算起，则这波牛市持续了 50 个月；如果从 1861 年 3 月开始算起，则持续了 8 年 3 个月。这轮牛市的最后飙升阶段则持续了 27 个月。当年 7 月，牛市结束，暴跌开始。
12	1873 年	指数在当年 11 月见到低点 84 点，从 1869 年的高点算起，跌幅为 97 个点。这轮熊市周期持续了 52 个月。其间有过三波反弹：第一波反弹从 1870 年 8 月到 1871 年 5 月，持续 9 个月；第二波反弹从 1872 年 1 月到 6 月，持续 6 个月；第三波反弹从 1872 年 11 月到 1873 年 1 月，持续 2 个月。最后这波反弹表明市场仍旧处于弱势之中，如同 1931 年和 1932 年的情况。
13	1874 年	指数经过 3 个月的上涨之后，在 2 月见到高点 107 点。当年 6 月和 10 月，指数见到新的低点，与前期高点分别间隔了 4 个月和 8 个月。此后，铁路股出现反弹，并且持续上涨到了 1875 年 5 月。

12 种工业股票平均指数（12 Industrial Stock Averages）

接下来，我要介绍 12 种工业股平均指数的历史重要走势，具体来讲就是 1875~1896 年这段时间的重要走势（见表 3-2）。1897 年之后，这一指数被道琼斯工业平均指数所代替。

表 3-2　12 种工业股平均指数的重要历史数据

序	年份	重要走势
1	1875 年	指数在当年 3 月见到高点 53 点，当年 10 月见到低点 48 点。
2	1876 年	当年 2 月，指数见到高点 52 点。
3	1877 年	当年 10 月，指数跌到 36 点，下跌持续了 16 个月，其间并无像样的反弹。
4	1879 年	当年 8 月，股市才开始一波像样的牛市行情，涨势一直持续到了 1881 年 6 月，持续了 22 个月。
5	1881 年	指数在当年 6 月涨到了 72 点，涨势持续了 47 个月。其间，从 1878 年到 1879 年，出现过一波半年的回调，还出现了几次 3 个月左右的小幅回调。
6	1881~1885 年	1881 年 1 月到 1884 年 6 月，一波大熊市出现，指数从 72 点跌到了 42 点。整个熊市的周期长度为 36 个月，其间只有一次 2 个月的小反弹，从 1884 年 8 月的高点开始，持续跌到了 1885 年 1 月，与 1884 年 6 月的低点 42 点一起构成了双底形态，如同 1932 年 7 月到 9 月的情况。
7	1885 年	上涨 10 个月后，于当年 11 月见到高点 57 点。
8	1886 年	指数在 5 月回调到了低点 53 点。
9	1887 年	上涨趋势在当年 5 月结束，从 1884 年低点算起，牛市周期的长度为 34 个月。如果从 1885 年 1 月的低点算起，则牛市周期为 27 个月。
10	1888 年	当年 4 月，指数见到 51 点，这是熊市的底部所在。这轮牛市一共持续了 11~12 个月。
11	1889 年	指数在当年 6 月和 9 月都见到高点 63 点。
12	1890 年	指数在 1890 年 1 月第三度见到高点 63 点，一个三重顶部形成了。63 点也成了一个卖出点位或者做空点位。
13	1888~1890 年	从 1888 年 4 月到 1890 年 1 月，这波上涨持续的时间为 21 个月。
14	1890 年	指数在当年 12 月跌至低点 49 点，与 1890 年 1 月的前期高点之间的时间间隔为 11 个月。
15	1893 年	上涨走势在当年 1 月见到高点 72 点。从 1890 年的低点开始算起，这波上涨持续了 25 个月。接下来，指数出现了一波恐慌性的下跌，于 1893 年 8 月见到低点 40 点。这波下跌持续的时间为 7 个月，跌幅为 32 个点。
16	1895 年	一轮持续时间为 22 个月的上涨走势于当年 6 月见到高点 58 点，这轮行情其实只不过是下跌趋势中的一波反弹而已。
17	1896 年	布莱恩白银恐慌（Bryn Silver Panic）导致 1896 年 8 月指数跌到 29 点，与 1895 年的高点间隔了 14 个月。从 1893 年 1 月的高点到这一低点则间隔了 43 个月。这波恐慌下跌完结之后，美国股市进入了麦金利繁荣（McKinley Boom），这波繁荣持续了数年时间。

道琼斯工业平均指数（Dow-Jones Industrial Averages）

现在，我要介绍道琼斯工业平均指数的历史重要走势，具体来讲就是 1897~1921 年这段时间的重要走势（见表 3-3）。

表 3-3　道琼斯工业平均指数的重要历史数据

序号	年份	重要走势
1	1897 年	指数在当年 9 月见到高点 55 点，与此前关键低点间隔 12 个月。
2	1898 年	当年 3 月，指数跌到低点 42 点，与前期关键高点间隔 6 个月。
3	1899 年	指数从前期低点开始上涨，于 1899 年 4 月见到高点 78 点，上涨持续时间为 13 个月。此后，当年 5 月，指数暴跌回调，然后缓慢上涨。当年 9 月，指数重新回到 78 点，与 1896 年的低点之间间隔了 36 个月，与 1898 年 3 月的低点之间间隔了 18 个月。
4	1900 年	当年 9 月，指数见到低点 53 点，跌势持续了 12 个月，下跌趋势就此完结。
5	1901 年	当年 6 月，指数再度升至 1899 年的高点 78 点，三重顶部出现，牛市结束了。当年 12 月，指数跌至 62 点，跌势持续了 6 个月时间。
6	1902 年	当年 4 月，指数上涨了 4 个月，见到高点 69 点。
7	1903 年	指数在当年 10 月和 11 月都跌到了 42.5 点，从 1901 年的高点算起，跌势持续了差不多 29 个月；如果从 1903 年 2 月最后一次反弹的高点算起，跌势持续了 8 个月。从 1903 年开始，该指数成分股的交易更加活跃，成了市场的领涨股。在此之前，铁路股是市场的领涨股。铁路股从 1896 年到 1906 年期间都是领涨板块，但此后却偃旗息鼓。到了 1924~1929 年的牛市期间，铁路板块卷土重来，创出历史新高。
8	1906 年	指数在当年 1 月上涨到 103 点，与 1903 年低点间隔 27 个月。这波上涨期间并未出现两个月以上的回调，这表明牛市强劲。随后，指数进入持续时间为 6 个月的回调，在 8 月跌到了 86 点，10 月道琼斯指数升至 97 点。
9	1907 年	当年 1 月，指数见到高点 97 点，此后出现暴跌。当年 3 月 14 日的暴跌，幅度巨大，当天就跌了 20 个点，见到低点 76 点，令市场错愕。此后，在 5 月指数回升到了 85 点，然后恢复跌势。11 月的时候，指数跌到了 53 点，与 1906 年 1 月的高点之间间隔了 22 个月。此后，大盘步入横盘整理之中，新的一轮上涨趋势于当年 11 月启动。
10	1909 年	指数在当年 10 月见到高点 101 点，涨势持续了 23 个月。其间的回调行情都没有超过 3 个月。
11	1910 年	指数经过 9 个月的下跌，于当年 7 月见到低点 73 点。
12	1911 年	指数经过 11 个月的上涨，于当年 6 月见到高点 87 点。接下来，指数暴跌，于当年 9 月见到低点 73 点，这与 1910 年 7 月的低点一致。
13	1912 年	这轮上涨趋势持续了 13 个月，于当年 10 月见到高点 94 点。
14	1913 年	指数经过 8 个月的下跌，于当年 6 月见到低点 53 点，这是指数第三度见到这个低点。这是一个非常重要的买入信号，只要三重底部保持完整，不被跌破，那么就会出现一波上涨。3 个月后，指数在当年 9 月即看到高点 83 点，随后下跌，于当年 12 月见到低点 76 点。

序号	年份	重要走势
15	1914 年	当年 3 月，指数见到高点 83 点，与 1913 年 9 月的高点一致。第一次世界大战于当年 7 月在欧洲爆发，导致纽交所从 7 月底到 12 月之间关闭。1914 年 12 月，纽交所重新营业，指数跌到了低点 53.33 点，与 1907 年的低点一致，与 1912 年 10 月的高点间隔了 26 个月。
16	1915 年	当年 12 月，指数升至高点 99.5 点，刚好在 1909 年高点的下面。这个高点与 1914 年的低点间隔 12 个月。
17	1916 年	指数在经过 4 个月的横盘整理之后，于当年 4 月见到低点 85 点。此后的上涨趋势，使得该指数在当年 11 月见到高点 110 点，这是历史新高。从 1914 年 12 月的低点算起，这波上涨持续了 23 个月。
18	1917 年	指数在当年 2 月见到低点 87 点，此后上涨了 4 个月，于 6 月见到高点 99 点。接下来，一波恐慌性暴跌出现，到当年 12 月见到低点 66 点。下跌趋势结束了，与此前历史新高之间间隔了 13 个月。
19	1919 年	指数在当年 11 月见到高点 119.5 点，这是一轮牛市的顶部。这个高点与 1917 年 12 月低点之间间隔 23 个月，其间的回调幅度并未超过 3 个月。
20	1920 年	指数在当年 12 月见到低点 66 点，与 1917 年的低点一致，从牛市顶部算起，下跌周期为 13 个月。
21	1921 年	指数在当年 5 月见到高点 79 点，然后下跌，于 8 月见到低点 64 点。与 1917 年和 1920 年的低点相比，这一低点低了不到 3 个点，这表明市场的支撑仍旧存在，新的一轮上涨即将来临。当年 8 月的低点与 1919 年 11 月的高点之间间隔了 21 个月。

1921~1929 年的牛市

接着，我要给出 1921~1929 年大牛市的重要数据（见表 3-4）。这波大牛市从 1921 年 8 月启动，持续到了 1929 年 9 月，是美国历史上最大的一波牛市。

表 3-4　1921~1929 年牛市的重要历史数据

序号	年份	重要走势
1	1923 年	牛市的第一波上涨于 1923 年 3 月见到顶部 105 点。这波涨势持续了 19 个月，接下来回调了 7 个月，于 10 月底见到低点 86 点。
2	1924 年	指数在当年 2 月涨到了高点 105 点，接下来回调了 3 个月，于 5 月见到低点 89 点。而"库利奇牛市"（Coolidge Bull Market）则在 1924 年 5 月才拉开序幕。
3	1925 年	道琼斯平均指数在当年 1 月向上突破了 120 点，1919 年的高点是 119.5，进一步上涨的空间被打开了。当时交投活跃，上涨动量充足。
4	1926 年	当年 2 月，指数见到高点 162 点，与前期低点间隔了 21 个月。暴跌之后，3 月指数见到低点 136 点。其间，部分股票在短短 1 个月之内就跌了 100 个点。此后，指数在数月时间都处于窄幅整理之中，然后才开始一波上涨。涨势启动之后，直到 1929 年之前都未出现持续 2 个月以上的回调。

序号	年份	重要走势
5	1929 年	1929 年 9 月 3 日，指数见到这波大牛市的终极顶部 386 点。这个高点比 1921 年的低点高了 322 点，比 1923 年的低点高了 300 点。从 1921 年的低点到 1929 年的高点，间隔了 97 个月。可以与 1861~1869 年之间的牛市做一个对比，两个时期的走势非常类似，当时的牛市持续了 99 个月，是 1929 年之前的最大牛市。1929 年的高点与 1923 年的低点间隔了 71 个月，与 1924 年的低点间隔了 64 个月，与 1926 年 3 月的低点间隔了 42 个月，与 1926 年 10 月的低点间隔了 35 个月。

在战争开始之前和结束之后，你都能够预判得出期间的牛市和接下来的恐慌性暴跌的时间跨度。这波超级牛市其实可以从 1896 年 8 月算起，直到 1929 年 9 月达到巅峰，这是长达 33 年的经济周期主导的。其间存在许多细分的牛市，每一波牛市都将股价推升到了更高的点位，这表明股市的长期趋势是向上的。

在一轮史上最大规模的牛市谢幕之后，一轮最猛烈的熊市也是情理之中的事情。如果想要预判这轮熊市的时间跨度，你只需要查看上一轮战争引发的股市繁荣结束后发生了什么（见表 3-5）。

表 3-5　美国内战后熊市的重要走势

序号	年份	重要走势
1	1869~1873 年	从 1869 年到 1873 年，这波熊市持续了 53 个月，其间出现了三次反弹，持续时间依次为 9 个月、6 个月和 2 个月。
2	1871~1873 年	从 1871 年 5 月高点到 1873 年 11 月低点的时间跨度为 30 个月。
3	1881~1884 年	从 1881 年到 1884 年这波熊市的时间跨度为 36 个月。
4	1893~1896 年	从 1893 年到 1896 年 8 月这波熊市的时间跨度为 43 个月。

A 股历史上的牛熊周期有多长呢？参考附录中的 "A 股的历次牛市与熊市"。

表 3-5 的历史数据表明，最大规模熊市的时间跨度不会超过 43 个月，最短的熊市则只有 12 个月时间。部分熊市在 27 个月、30 个月或者 34 个月后结束。不过，在极端的熊市当中，会持续 36~43 个月才能见底结束。

所以，参照上述历史数据，交易者应该耐心等待，从 1929 年的高点算起，大概在 30~36 个月后见底，如果到时候还有没有见底的话，则需要等到 40~43 个月后查看是否见底。

1929~1932 年的熊市

熊市的第一阶段从 1929 年 9 月 3 日持续到了 11 月 13 日。道琼斯 30 种工业股平均指数从 1929 年 9 月 3 日的高点 386，暴跌到了同年 11 月 13 日的 198 点。下跌持续了 71 天，跌幅为 188 点，创下了纽交所有史以来最快的下跌速度。

此后，一波中级反弹出现，反弹到 1930 年 4 月 17 日，见到阶段性顶部 297 点。这波反弹持续了 155 天，涨幅为 99 个点。不过，4 月的成交量萎缩，这表明上涨乏力。反弹高点 297 点，是一个需要关注的重要点位，此后会成为重要的阻力或者支撑点位。

熊市的第二阶段从 1930 年 4 月 17 日到 12 月 17 日。道指从 1930 年 4 月 17 日的阶段性高点下跌，一直跌到了当年 12 月 17 日才止跌。具体来讲，是从 297 点跌到了 155 点，持续了 244 天，跌幅为 142 点。

此后，一波中级反弹出现了，并于 1931 年 2 月 24 日见到高点 196 点。道指在 69 天的时间内上涨了 41 个点。**这波反弹持续的时间和上涨的幅度都明显逊色于上一波中级反弹。所以，此时股市整体上仍旧处于弱势之中，趋势仍旧向下。**

熊市的第三阶段从 1931 年 2 月 24 日持续到了 1932 年 1 月 5 日。道指从 1931 年 2 月的阶段性顶部下跌，并于当年 4 月跌破了 1930 年 12 月的前期低点。到了 1931 年 6 月 2 日，道指跌到了 120 点，这个点位恰好是 1919 年 11 月形成的阶段性顶部。

在我的交易法则当中，**过去的顶部会变成现在的底部，过去的底部也会变成现在的顶部。**所以，当股价跌到历史顶部附近时，往往会出现一波反弹。

因此，从 6 月 2 日到 6 月 27 日的 25 天时间当中，道指

当前波段与最近的同向波段或者反向波段比较，可以得出一些有关市场强弱的有用结论。

关键点位究竟能否发挥阻力或者支撑的作用，你如何去预判和确认呢？基本面可以帮你预判，成交量和 K 线，以及盘口可以帮助你确认。例如，当股价跌至某个关键点位时，出现了看涨吞没形态，那么就确认了支撑有效。江恩理论很少通过价格形态来确认支撑和阻力，更倾向于通过突破幅度来过滤。

出现了反弹，幅度为 37.5 个点，见到高点 157.5 点。这是熊市中的一波快速反弹，表明市场仍旧处于弱势状态，因为反弹的持续时间很短，不到 1 个月。

反弹结束后，指数持续跌到了 1931 年 10 月 5 日，在 100 天内跌幅达到了 72 个点，见到低点 85.5 点。

企稳后展开快速反弹，这波反弹很快就在 1931 年 11 月 9 日结束了，道指见到高点 119 点。这次上涨持续了 35 天，涨幅大致为 35 个点。119 点这一点位接近 1931 年 6 月 2 日触及的低点。

根据我此前提到的交易法则——历史支撑会变成新的阻力，交易者应该在上述高点附近卖出所持有的股票或者做空。随后，道指重回跌势，于 1931 年 12 月 17 日见到低点 72 点，此刻恰好距离 1930 年 12 月的低点一年时间。

1931 年 12 月 19 日，指数快速上行，很快涨到了 83 点。然后从这个高点下跌，于 1932 年 1 月 5 日见到低点 70 点。这个低点比 1931 年 11 月 9 日的高点低了 49.5 点。这波下跌持续了 57 天时间，如果从 1931 年 6 月 27 日计算，则下跌了 192 天时间。这波下跌的结束也标志了熊市第三阶段的结束，因此从 1932 年 1 月 5 日见底后，道指就持续上涨，一直涨到了 1932 年 3 月 9 日。道指在 64 天内涨了 19.5 个点，见到高点 89.5 点。从反弹幅度和持续时间的角度来分析，这波反弹的力度欠佳，市场抛压仍旧沉重。

熊市的第四阶段从 1932 年 3 月 9 日持续到了 7 月 8 日。这是熊市的最后一个阶段。这个阶段持续了 4 个月，下跌时间较短，跌幅为 49 个点。需要注意的是，这波下跌的幅度与 1931 年 11 月 9 日到 1932 年 1 月 5 日那波下跌的幅度接近。

从 1932 年 3 月 9 日到 7 月 8 日，当最后一波割肉盘出逃后，最大的反弹幅度也只有 7 个点。但是每次反弹后的下跌持续时间也越来越短，成交量逐渐萎缩，这表明抛压大幅减轻，空头力量接近衰竭。道指从 1932 年 6 月 16 日到 7 月 8 日的最后一波下跌的幅度为 11 个点，从此熊市结束，趋势转

通过对过去牛市和熊市的统计，我们可以将样本放在分布图上，这样就可以得出一个概率分布，对于预估未来的牛熊转折点有一定的价值。

而向上。

1932 年 7 月 8 日，道指见到低点 40.5 点，从 1929 年的高点算起，时间跨度为 34 个月。如果从 1930 年 4 月的高点算起，则时间跨度为 27 个月。这些时间跨度表明熊市接近尾声，特别是在 34 个月的下跌周期当中，跌幅高达 345 点，让许多个股在过去 33 年累积的涨幅化为乌有，则让我们更加确信熊市行将结束了。

还有一个细节值得我们注意，这轮熊市最后一个低点是 1897 年 4 月的 40.5 点，新的一轮牛市正是从这个低点启动的。但是，在 1932 年 7 月，虽然股票数量已经大大超过了此前，但是道指却跌到了同一点位。

1932 年 7 月股市见底之前，成交量和时间周期等指标都表明熊市已经结束了。

什么样的成交量表明熊市结束？除了成交量和时间周期之外，还有什么指标可以用来预判熊市结束？流动性指标可以吗？动量指标的底背离呢？舆情指标呢？你还能想到哪些指标？参考《股票短线交易的24 堂精品课》中有关大盘和大势的几课内容。

1932~1935 年的牛市

牛市第一阶段从 1932 年 7 月 8 日持续到了 9 月 8 日。道琼斯 30 种工业股平均指数于 1932 年 7 月 8 日见到低点 40.5 点，此后回升到了 1932 年 9 月 8 日的 81 点，在 62 天时间内上涨了 40 个点。

这波快速上涨是由于大量资金抄底以及空头集中回补引发的，不过这样的涨势很难维持。当指数在第三个月再创新高时，下跌迹象明显。其间，成交量显著放大，这表明这波上涨是牛市的第一阶段，接下来会有回调出现。

此后，中级回调走势紧随而至。这波回调的性质与 1929 年 11 月到 1930 年 4 月的那波中级反弹的性质类似，都是趋势第一波结束后的修正走势。这波回调从 1932 年 9 月 8 日的高点开始，持续了 172 天，跌幅为 31 个点。跌到 1933 年 2 月 27 日见到低点 49.5 点企稳。这个低点比 1932 年的低点还

高了 9 个点。当股市见到这个低点的时候，罗斯福宣布就任美国总统，银行则宣布暂停营业。随后，纽交所宣布停业一个星期。

当指数跌到低点的时候，成交量极度萎缩，这表明市场的抛压显著下降了。当市场充满了悲观的论调和利空的消息时，就是大举买入股票的机会了。 牛市的情况则相反，当大众都欢喜雀跃，市场充满了各种利好消息时，就是盛宴结束的时候。

牛市第二阶段从 1933 年 2 月 27 日持续到了 7 月 17 日。道指从 1933 年 2 月的低点 49.5 点启动，大涨到了 1933 年 7 月 17 日，见到高点 110.5 点，在 141 天之内涨了 61 点。从 1932 年 7 月的低点开始计算，时间跨度为 12 个月；从 1933 年 2 月的低点开始计算，时间跨度为 5 个月。

根据我的市场法则，交易者应该注意每一个关键的高点或者低点，观察指数或者价格在此点位附近的表现，因为这是趋势变化的风向标。对大盘而言，指数在关键点位附近的表现预示着股市未来一两年，甚至更长时间内的大趋势。

股市在 1933 年 5~7 月的成交量比 1929 年牛市尾声阶段的成交量还要大。这样庞大的成交量表明股指涨到了高位，股市临近顶部。

随后，股市见顶下跌，道指在 96 天内下跌了 28 个点，成交量也萎缩了，直到 1933 年 10 月 21 日见到低点 82.5 点。这个低点仅比 1933 年 7 月 29 日的低点低了 2 个点，与 1932 年 9 月 8 日出现的阶段性顶部 81.5 点相比，更高一些，这表明趋势仍旧向上。

牛市第三阶段从 1933 年 10 月 21 日持续到了 1934 年 2 月 5 日。道指从 1933 年 10 月 21 日的 82.5 点上涨到了 1934 年 2 月 5 日的 111.5 点。这个高点只比 1933 年 7 月 17 日的高点高出 1 个点。**前后两个高点形成了一个双顶形态，同时目前这个高点对应的成交量高达日均 500 万股。**

这波上涨持续了 107 天，涨幅为 29 个点。如果从 1932

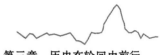

年 7 月的低点开始算起，时间跨度为 19 个月；如果从 1933
年 10 月的低点开始算起，时间跨度为 4 个月。道指并未向上
突破 112 点，因此见顶迹象明显。

此后，道指转而下行，于 1934 年 7 月 26 日跌到了 84.5
点。这波下跌持续了 171 天，跌幅为 27 个点。如果从 1934
年 2 月 5 日的高点算起，那么这轮下跌持续的时长与 1932 年
9 月 8 日到 1933 年 2 月 27 日的那波下跌的时长接近，差不多
是 5 个月。

1934 年 7 月 26 日指数见到低点，相应的日成交量为 300
万股，比 1933 年 10 月 21 日的低点还高出 2 个点。**有两个底
部特征出现了：第一个特征是成交量显著放大；第二个特征
是指数的低点抬升。**

牛市第四阶段从 1934 年 7 月 26 日持续到了 1935 年 11
月 20 日。

道琼斯 30 种工业股指数从 7 月 26 日的 84.5 点启动，涨
到了次年 11 月 20 日的 149.5 点。涨势持续了 16 个月，涨幅
为 65 个点。如果从 1932 年 7 月的低点开始计算，则上涨了
42 个月；如果从 1933 年 2 月的低点开始计算，则上涨了 33
个月；如果从 1933 年 10 月的低点开始计算，则上涨了 25
个月。

这轮涨势中出现过两次显著的回调：第一次回调从 1934
年 8 月 25 日持续到了 9 月 17 日；第二次回调从 1935 年 2 月
18 日持续到了 3 月 18 日。两次回调的幅度都是 12 个点。两
次回调的持续时间在 1 个月以内，因此上涨趋势不变。

1935 年 3 月 18 日见到低点后，此后指数的回调幅度再也
没有超过 8 个点，回调的持续时间再也没有超过两周。这种
情况一直持续到了 1935 年 11 月 20 日涨势见顶为止。

随后，一轮回调出现，指数一直跌到了 12 月 19 日，在
一个月的时间当中跌了 11 个点。当年 10 月和 11 月的累计成
交量为 1.04 亿股，这至少是阶段性头部的特征，指数比 1932
年的低点高出了 109 个点，比 3 月 18 日的低点高出了 53.5 个

顶部与天量匹配，但是底部可能与地量匹配，也可能与天量匹配，其中的原因是什么呢？联系下 A 股的"5·19"行情来思考。

点，涨势持续了 247 天。

当我撰写本书时，也就是 1935 年 12 月 31 日，我预测道指不会向上触及 150 点，如果它跌至 138 点，则表明还会继续跌至 120 点，甚至有可能是 112 点。这个点位曾经是 1933~1934 年的顶部所在区域。

> 不要只见树木，不见森林；但也不要只见森林，不见树木。

正如我此前反复强调的那样，交易股票的时候要根据个股的趋势去操作，而不是只看指数的趋势。现在有太多的个股，其走势与道琼斯 30 种工业股平均指数的走势背离。

注意未来趋势变化的时间周期

1936 年 1 月恰好与 1932 年低点间隔 42 个月。而 1936 年 3 月则恰好与 1933 年 2 月的低点间隔 37 个月。1936 年 7 月与 1933 年的高点间隔 36 个月，与 1932 年低点间隔 48 个月。因此，1936 年中的这些月份非常重要，到时候一定要注意是否在这些月份出现趋势的转折。

1929~1932 年股市恐慌性下跌的原因

> 多头不死，空头不止，这是熊市持续的一个原因，但绝不是唯一的原因。江恩在正文论述的东西与标题关系其实不大。1929~1933 年股市恐慌性下跌的原因难道仅仅是因为逆势加仓吗？逆势加仓在任何单边下跌走势中都会出现在散户操作中，但不见得任何单边下跌走势都会演变成大熊市。

股价之所以从 1929 年到 1932 年跌得如此惨烈，是因为部分人在高位买入之后逆势持有，希望股价能够回升。在股价下跌后，买入了更多的股票来降低平均成本。这些人首先不应该在高位买入股票，更为重要的是不应该逆势加码买入。在下跌趋势中，不断加码买入以便摊平平均成本，这种做法是交易者最不应该采纳的。你可以降低平均盈利，但是不能降低平均亏损。

如果股价已经跌了 100 美元，甚至更大幅度，那么往往会有一些人认为股价打了一个大折扣，非常便宜了，应该买入了。股价跌了 100 美元，绝对价格降低了，所以应该买入，这是所有买入理由中最拙劣的一个和最有害的一个。

此后，当股票从 1929 年的高点继续下跌，跌幅扩大到了 150 美元、250 美元，甚至 300 美元的时候，又有人开始买入股票了，理由还是一样的，也就是认为股价便宜了。股价从高点已经跌了很多，绝对价格看起来似乎真的很便宜了。

上述两批盲目抄底的人，其实都在下跌趋势还未改变的情况下进场买入。下跌趋势还未到结束的时点，市场也没有发出买入信号。

如果这些人能够按照我在《盘口真规则》和《华尔街选股术》两本专著中提出的交易法则耐心等待，理性分析，他们就能够准确判断出股票趋势发生变化的时刻，知道什么时候可以抄底。恰当的时机买入后，他们可以赚到丰厚的利润。

> 为什么人倾向于抓顶部和底部，而不是把握趋势的中段呢？

但是，这些人往往靠着毫无章法的猜测入场，抱着股价上涨的美好愿望持仓。他们设定了一个不切实际的利润目标，等待股价涨到这个目标。不过，这些目标往往无法达到，因为这些愿望缺乏合理性。

希望变成绝望

凡事都有终点。到了 1932 年的上半年，股价跌得一塌糊涂，大众认为已经不可能下跌了，不过大多数股票居然再度下跌了 25~50 美元。所有人都变得绝望和沮丧，恐惧完全取代了希望。

持股者普遍变得悲观和绝望，除了利空之外，他们看不到任何积极的东西。在极端消极的情绪支配下，他们卖光了手中所有的股票。其中，一些人不光是因为悲观情绪而卖出，实在是因为保证金不够了，无法继续持有头寸。另外一些人

> 高度一致的悲观主义是底部的最大特征之一。

则是因为持续下跌让他们感到恐惧，所以清空了股票。这些人卖出股票与买入股票的时候一样，本质上都缺乏充足的理由。

谁在恐慌性暴跌中买入

许多人询问过我相同的问题。其实，那些在大底部附近买入做多的人就是在 1928 年或者 1929 年初卖出或者做空的人。当然，这批人也是在 1929 年 9 月股市首次明显破位时卖出或者做空的人，当时趋势向下的迹象非常显著了。

当股市处于下行趋势的暴跌中时，他们要么空仓，要么做空，绝不买入。**直到情况变得不能再糟糕的时候，他们才入市买入。**这个时候，股票的价格已经显著低于其实际价值了，于是他们开始在大底附近买入。

他们的睿智和果断带来了丰厚的收益。当形势看起来非常糟糕的时候，当看空之声蔓延整个市场的时候，需要极大的勇气才敢买入。同样，当一片看涨之声时，要在 1929 年卖出股票也需要极大的胆魄。

> 在绝望中见底，在分歧中上涨或者下跌，在亢奋中见顶。分歧，则行情继续；一致，则行情反转！

股价还能重返 1929 年的高点吗

这个问题也时常被人问起。大众为什么会提这个问题呢？因为他们很多人都在 1929 年的高位买入了股票，现在被套牢了。他们希望股价能够回升到 1929 年的高位，这样就能解套了。

我坚定地认为道琼斯 30 种工业股平均指数永远不会回升到 386 点了，铁路股平均指数也不会回升到 1929 年的高点

189 点了，而公用事业股平均指数同样也无法回升到 1929 年的高点了。

理由是什么呢？因为 1929 年的股价异常高，这样高的股价远远超出内在价值。股价之所以这么高，完全是因为大家都疯狂地参与赌博，他们完全忽略了真正的价值和公司的业绩。现在，保证金的比例提高了，压缩了大众购买股票的能力和热情。

我对指数和此前的龙头股能够重返 1929 年的高点不抱任何希望，不过许多个股终将突破 1929 年的高点。从 1932 年到 1935 年的这轮牛市，新的龙头股已经大幅超过了它们在 1929 年的高点。

在本书后面的章节当中，我会给出一些突破 1929 年高点的实例。你可以查看它们的走势，学习如何发掘其中的上涨信号，以及如何选股。当然，后续章节还会给出一些潜力股，它们也会在不远的将来突破 1929 年的高点。

现在道指多少点了？

一切疯狂的资产泡沫都不能简单地归咎于人性。信贷宽松、资本流入和实体经济不振，加上故事提升的风险偏好，才是资产泡沫产生的根源。

第四章

个股与指数

新东西才容易成为好题材，有了好题材，资产泡沫才会产生，有了资产泡沫，投机者才能赚到大钱。

——魏强斌

数年以来，道琼斯工业股平均指数（Dow-Jones Industrial Averages）、铁路股平均指数（Railroad Averages）和公用事业股平均指数（Public Utility Averages）都是大盘和大势的优秀风向标。

很多年前，当时的工业股平均指数还只有 12 只成分股，不过那时的市场风向标作用还比较明显。当铁路板块成了领涨板块后，通过铁路股平均指数可以更好地预判大盘与大势。

不过，现在情况发生了重大的变化。在纽交所挂牌的个股有 1200 多只，而铁路股平均指数的成分股只有 20 只，工业股平均指数的成分股只有 30 只，它们的代表性下降了，已经很难起到风向标的作用了。

现在，国内外各种因素影响到各个行业和各家上市公司，个股的走势千差万别。例如，一家汽车公司可能业绩喜人，另外一家汽车公司则处于破产边缘。

由于影响因素众多，使得某些个股和板块的分化日益严重。从 1928 年开始，到 1932 年 7 月分化更加严重。

交易者想要在这种格局中赚钱，就必须研究和尝试各种

> 龙头股和龙头板块是投机客需要密切关注的风向标。

策略去适应这种变化，下更大的功夫研究个股，而不是单单依靠指数的研判。

以后，我们很难看到鸡犬升天的行情了，普涨的牛市很难见到了，不可能所有个股都一同上涨了。股市的大势中包含了走势截然相反的个股：一些股票上涨，一些股票下跌。1932 年 7 月，大多数股票跌至低点，企稳后回升。道琼斯 30 种工业股平均指数也是在 1932 年 7 月见到低点企稳的。而道琼斯 20 种铁路股平均指数则在 6 月到 7 月见底。1935 年，当道琼斯工业股平均指数上涨 80 个点的时候，公用事业股平均指数却刷新了历史低点，因为政府出台了公用事业管制法规。

如果仔细对个股和板块进行了研判，就会发现当其他板块和个股在上涨的时候，公用事业股却处于下跌走势之中。如果你研究过美国电话电报公司（AT&T）股票的走势，就会发现它走势比较强劲，比其他公用事业股的表现更好。

为什么会这样呢？因为美国电话电报公司在整个大衰退期间坚持分红派息，每年都按照每股 9 美元的方案分红。其他公用事业上市公司在大衰退期间都停止了分红。此前，在1929 年见顶的这波大牛市当中，许多公用事业股都通过设定虚高的发行价以及大规模分拆从市场中圈钱，以至于成了整个股市中最被严重高估的板块。

如果交易者根据行业板块指数来选择股票的话，则不容易选择强势股。原因是在同一板块当中，一些股票每年都创出新高，而另外一些股票即便在牛市中也在不断刷新低点，甚至于一些上市公司盘破产倒闭了，另外一些上市公司退市了。

以 1932 年的航空板块为例来说明，当年航空股平均指数处于上涨趋势之中。在上一轮航空股的涨势中，柯蒂斯—莱特公司（Curtiss Wright）是龙头股。但是，你不能据此认为它在新的一轮涨势中也会成为龙头股。如果交易者选择买入这只股票，那么就选错了标的。

1932 年 8 月，这只股票的最低价为 1.5 美元，到了 1934 年 4 月已经涨到了 12 美元。如果我们将其与道格拉斯航空

牛市中，大家合力注水；
熊市中，大家合力抽水。

板块是中枢，但是最终还要落实到个股，特别是价值投资。

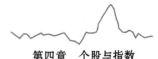

（Douglas Aircraft）进行比较，就会发现一些有价值的信息。1932 年 2 月，道格拉斯航空的股价见到低点 5 美元。到了 1934 年，这只股票的价格触及高点 28.5 美元，同年 9 月又跌到了 14.5 美元，**相当于从高点回调了 50%。**

1935 年 7 月，柯蒂斯—莱特公司的股价比 1934 年的高点矮了 4 个点，而道格拉斯航空的股价则已经向上突破了 1934 年的高点。强势股票越发强势，即便道格拉斯航空已经处在了 28.5 美元的高位，仍旧比柯蒂斯—莱特公司的股票值得买入。

1935 年 12 月，**道格拉斯航空的股价向上突破了 45.5 美元，这个点位曾经是 1929 年的大顶部。**上涨空间进一步被打开后，该股持续上涨到了 58 美元。相比之下，同时期的柯蒂斯—莱特公司的股价则小幅上涨到了 12.25 美元。后者从未像道格拉斯航空或者其他航空股那样出现交投活跃的情况，量能明显不足。

道格拉斯航空的股价的高点和低点在渐次抬升，而柯蒂斯—莱特公司的股价处于窄幅震荡之中，因此前者是航空板块当中的首选。这就表明，想要真正把握股价的趋势，交易者必须仔细研究个股，而不是只看板块指数的走势。

过时的道氏理论

想要成为市场赢家，你就必须与时俱进。以前的股票交易理论和思路如果不能紧跟时代的潮流，你就必须放弃它们，并且基于符合新形势的法则来操作股票，这样才能持续成为市场的赢家。

最近数年，道氏理论在美国受到热烈的追捧，影响面非常大。大众将它看作是非常有用的股市工具，认为凭借这一理论可以在股海中纵横驰骋，立于不败之地。不过，从现在

0.5 回撤点位，不管是在江恩理论当中，还是在波浪理论当中都是非常重要的点位。甚至于许多实践大家，比如斯坦利·克罗都非常注重 0.5 回撤点位。

无论你是做投机还是投资，创新历史新高的个股都值得你去研究，从中你可以发现大黑马股和大白马股。具体如何操作呢？许多股票软件都提供了选股器，其中有一项就是选出创出历史新高的个股。一旦筛选出这些个股后，你就应该逐一研究它们的业绩和题材。

时代在变异，也在轮回。如果你只看到轮回的一面，则会陷入历史的窠臼中；如果你只看到变异的一面，则容易重蹈覆辙。与江恩比起来，查尔斯·道更加谦虚，他从未说过自己的思想可以称为理论，也没有宣称自己的理论可以用来预判股市，但是他的思想却经过几代大家的归纳和创新，流传至今。江恩有可取之处，但并非都可取，择其善者而从之，其不善者而改之。

的股市实际出发，我认为这一理论对于交易者而言已经失去了往昔的价值了。

原因很简单，现在有许多股票在纽交所挂牌交易，30 只或者 20 只股票构成的指数并不能很好地代表股市整体的情况。另外，你也不能直接交易指数本身，你必须从个股上面挣钱才行。

道氏理论在 1916 年之前还是非常有用的，不过第一次世界大战改变了股市的格局。具体来讲，就是第一次世界大战让美国从农业国转变成了工业国。1916 年，道琼斯 30 种工业股平均指数刷新了历史新高，较 1906 年的高点还高出 7 个点。不过，同时期的铁路股平均指数却比 1906 年的高点低了 24 个点。那些认为铁路股指数会继续上行，并且坚定持有铁路股的交易者已经落在了时代潮流的后面，他们不仅错过了大赚的机会，而且还很容易赔钱。

1917 年，美国政府接管了铁路公司。当年 12 月，道琼斯 20 种铁路股平均指数跌至 69 点。当时的道琼斯工业股平均指数也跌到了 66 点，这是铁路股平均指数第一次触及 1897 年的低点。但是，工业股平均指数这个低点比 1907 年恐慌暴跌创下的低点要高 13 个点。

从 1918 年到 1919 年，铁路股平均指数并未跟随工业股平均指数上涨。站在道氏理论的角度来看，铁路股平均指数已经不具备大盘和大势的风向标作用了，也无法验证工业股平均指数的趋势了。

1919 年 7 月，工业股平均指数创出了新的历史高点，同时期的铁路股平均指数却在继续下跌，创出新低。到了当年 11 月，工业股平均指数创出新的高点 119.5 点，而铁路股平均指数却创出了当年的新低。这一低点仅仅比 1907 年的低点高出 3 个点。铁路股平均指数与工业股平均指数的走势完全背离，这就使得道氏理论的相互验证原则失效了。

到了 1921 年 6 月，铁路股平均指数见到低点 64 点。同年 8 月，工业股平均指数跌到了 64 点，仅仅比 1907 年的低

农产品运输对铁路运输的需求很大。当美国从农业国转变成工业国后，铁路运输的需求量就大大减少了。

与历史上重要的恐慌低点和亢奋高点进行纵向比较，可以让我们更好地解读当下的走势与未来的趋势。

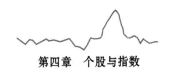

点低了 2 个点。此后，工业股平均指数展开一波气势如虹的大牛市，而铁路股仍旧处于不温不火的状态。

1925 年 1 月，工业股平均指数向上突破了 120 点，这个点位一度是 1919 年的历史新高。同时期的铁路股平均指数却比 1906 年的高点还低了 38 个点，比 1916 年的高点低了 12 个点。倘若交易者非要等到铁路股也创出新高，进而确认工业股指数向上趋势，然后再买入工业股，就会错过赚大钱的机会。因为此后要等到 1927 年 6 月，铁路股平均指数才向上突破了 1906 年的高点。那时，工业股平均指数已经比 1909 年的高点高出了 63 个点，比 1906 年的高点高出了 80 多个点。

1929 年 9 月 3 日，30 种工业股平均指数再度创出历史新高，上涨触及 386 点。而铁路股平均指数也涨到了 189 点。接下来，又一波暴跌回调，持续到了当年 11 月。回调结束后，报复式反弹出现，工业股平均指数回升了 100 个点，而铁路股平均指数仅仅回升了 29 个点。1930 年 4 月之后，铁路股平均指数仍旧显得疲弱，反弹力度不济。

1931 年 11 月，铁路股平均指数跌破了 42 个点，这是 1896 年 8 月形成的大底部。1932 年 6 月，该指数暴跌到 13.125 点，当时工业股平均指数也跌到了 40.5 点。**如果仔细比较一下，你会发现工业股平均指数比 1896 年的大底部要高出 12 个点，而铁路股平均指数则比 1896 年的大底部低了差不多 29 个点。**

纵向比较与横向比较相结合。

1933 年 7 月，工业股平均指数涨到了 110 点，而铁路股平均指数则回升到了 58 点。

1933 年 10 月，工业股平均指数回调到了 82.5 点，而同时期的铁路股平均指数却跌到了 33 点。此后，工业股平均指数在 1935 年 11 月涨到 149.5 点之前，从未跌破过 1933 年的低点。

1935 年 3 月，铁路股平均指数再度跌到了 27 点的位置，而工业股平均指数此刻却在 96 点。两者与各自 1933 年 10 点的低点相比，工业股平均指数现在高出了 13 个点，而铁路股

不要拘泥于理论的具体条款，而要搞清楚理论的根本原理。就道氏理论而言，相互验证原理是根本，而具体到利用哪些指数来相互验证则是可以与时俱进的，但是并不能因此说相互验证原理本身落后于时代了。

平均指数则低了 6 个点，这就再度证明了道氏理论已经失效了。

从 1935 年 3 月到 11 月，工业股平均指数上涨了 53.5 点。而在同一时期内，铁路股平均指数却只上涨了 12 个点。倘若交易者一直等待铁路股平均指数创出新高了，验证了工业股平均指数的上涨趋势后才买入工业股，则会错失 50~75 点的潜在盈利幅度。

总而言之，许多证据表明道氏理论已经与时代脱节了，交易者不能指望能够靠这个理论在未来挣钱。

应时而变

当股市的大格局发生根本变化时，交易者就必须重视个股的研究了。基于个股的趋势进行操作才能有所斩获，而不是被指数所迷惑。当某只个股的趋势已经变化时，交易者就需要顺势而为，而不是被同板块其他个股的走势所迷惑，也不要被板块指数的走势所迷惑。

新东西才容易成为好题材，有了好题材，资产泡沫才会产生，有了资产泡沫，投机者才能赚到大钱。

许多年前，马车公共交通类个股涨势喜人，只要买入就能挣钱。不过后来这个行业的生意惨淡，所以这个板块的股票也就没落了。接下来，运河运输类个股独领风骚，交易者如果能够抓住这波行情也能挣到不少钱。不过，现在其他运输方式的兴起减少了内河运输的生意，这个板块也沉寂了。接下来，此后铁路、汽车、飞机逐一兴起，长江后浪推前浪，前浪死在沙滩上。我个人认为飞机将成为未来交通运输方式的主导者，因此航空股将成为未来市场的龙头，这个板块将比铁路板块和汽车板块带来更多的收益，如同数年前买入汽车股一样。航空股将成为未来股市的龙头板块和大盘风向标。

交易者应该紧随时代的潮流，与潮流同行。切勿抱残守缺，因循守旧。学会根据个股的趋势去操作，交易者就会在股市中大有斩获。

第五章

股票趋势研判的新法则

> 读历史明大势，读小说懂人心！股价的波动不仅体现了大势，还体现了人心。读懂股价的趋势，宏观上你需要明了大势，微观上你需要觉知人心。
>
> ——魏强斌

我在两本专著《盘口真规则》和《华尔街选股术》中阐述的交易法则都是非常有价值的，运用这些法则可以很好地预判未来一个世纪的股市趋势。不过，当市场格局发生变化之后，股票在大部分时间当中的波动率会下降，成交量也会萎缩。比较一下美国钢铁（U.S. Steel）和通用汽车（General Motors）两只股票现在的成交量与过去数年的成交量，你就会发现现在的成交量下降了。

我在本书中的交易法则基于筹码的供需关系，经过数年的实践和运用，经受了无数次的验证。因此，它们是有巨大价值的。股价被买入方推高，无论这些买方的具体身份是什么，或许他们是散户，或许是庄家，或者是投资机构。说到底，股价的波动都是供需关系在直接决定。当买盘大于卖盘的时候，股价就会持续上涨；相反情况下，当卖盘大于买盘的时候，股价就会持续下跌。

如果你能够将本书介绍的法则与我在其他书中阐述的法则结合起来使用的话，你将在个股的操作上无往不胜。

如同侦探可以从案发现场的种种细节推出犯罪分子的特

征一样，一位"华尔街的侦探"也能够从股价的波动中得出主力运作的线索。**股价的涨跌其实是由参与者的预期决定的，无论是买入还是卖出或者做空，参与者都认为能够在未来获利离场。一个人的所思所想，或许能够被他人看穿，因为人的本性是恒定的。**

人性不变，体现人性的股价也存在恒定不变的模式。如果交易者能够认真研读个股，按照我给出的研判法则去预判其趋势，并且顺势而为，那么就能在股市上大赚。

甄别趋势的最佳方式

数年以来的实践经验使得我相信研读股票走势图可以预判其未来的趋势。股票走势图有三类：

第一类是月度走势图（Monthly Chart），这是判断股价大势的最佳图表类型，从图中交易者可以看到每个月的高点和低点。

第二类是周度走势图（Weekly Chart），这类走势图可以如实地反映股票的趋势，图中的每周高点和低点具有重要的参考价值，其作用仅次于月度走势图。

第三类是日度走势图（Daily Chart），这类走势图展示了更短时间框架的走势。当股价波动率很高，交投活跃的时候，交易者可以采用日度走势图来研判趋势。

如果你想知道一只股票是否即将进入拉升的状态，就应该查看月度走势图。如果这只股票处于强有力的支撑点位，且估值低廉，那么就会被大资金看上，主力会吸筹，而浮动筹码会减少，稍微有一点买盘股价就会上涨。**低点和高点会逐步抬升，这就是趋势向上的特征了。**

如果一只股票转为下跌趋势，那么其价格的高点和低点就会渐次下降，当它跌破前期最后一波上涨的起点时，股价

江恩非常注重高点和低点，高点或者低点的相对位置是趋势的重要信号。

缩量企稳，这是浮动筹码减少的特征。

大跌的信号就出现了，确认大势向下。

目标股类型

什么样的股票是我们的目标股呢？成交活跃，并且有明确趋势，也出现了明确买卖信号的个股。股市上总会存在一些图形怪异，不符合交易法则的股票，交易者最好远离它们。倘若一只股票长期处于窄幅震荡的状态，那么就不要去介入。**等待这种股票某日放量向上突破了震荡区间的上边缘或者放量跌破了震荡区间的下边缘，这个时候再介入才算当机乘势！**

交易时机和点位

交易者应该在股票价格接近单重、双重或者三重底的时候买入，同时在底部下方不超过 3 个点的位置设定初始止损单。

具体来讲，如何在单重底附近买入呢？当股价跌下来在低位横盘震荡 2~3 周后买入，同时将初始止损单设置在股价最低当周的低点下方 3 个点的位置上。如果交投活跃，波动率很大，当股价出现下跌后在低位横盘震荡 2~3 天，也可以考虑买入，同时设置好初始止损单。初始止损单设置在盘整期间最低点下方 3 个点的位置。

当一只股票在时隔数周或者数月，甚至一年或者更长时间后回落到前期低点附近，那么就构成了双重底形态，这个点位也是一个买入机会。如果股价第三次回落到同一点位，则构成了三重底部。

如果一只股票刷新了高点，或者向上突破了前期的高点，并且高出此高点 3 个点，那么接下来的走势中，如果股价继续上涨，则回调的时候只要不跌破此高点超过 3 个点，则向上突破有效，趋势继续上行。如果符合上述条件，那么当股价小幅回调 1~3 个点时，回到前期高点附近时，你可以趁机买入，同时在前期高点下方 3 个点的位置设置初始止损单。

当一波牛市展开后，交易者要学会在回调时买入。在上升趋势中，任何一波小幅

突破后，回踩，确认阻力变成了有效的支撑，那么就可以买入。但是，现在的市场情况往往是真突破不会回踩，一旦回落往往是多头陷阱。

回调都是买入点。我们以道格拉斯航空为例来说明。该股在1932年见到高点 18.625 美元，1933年见到高点 18.25 美元。1934年，当股价向上突破上述两个高点构筑的双顶时，根据我的研判法则，交易者应该趁机买入（参考附录 1 的附图 1–1）。

该股在 1934 年的时候，持续上涨到了 28.5 美元。随后，该股的价格在 1935 年接着向上突破了 28.5 美元，同时它回调的时候也从未低于 26.5 美元。因此，只要该股的价格回调到 28 美元之下就可以买入，初始止损单放置在 25.5 美元。

特别需要指出的一点是，如果该股向上突破了 28.5 美元，并且随后的回调不超过 3 天，就会恢复上行态势。该股于 1929 年向上突破了 45.5 美元，交易者此时可以加码，因为其上行趋势并未改变。**在上行过程中，交易者应该按照金字塔顺势加码法买入，价格涨得越高，则加码量就越少。**到了 1935 年 12 月，该股已经涨到了 58.375 美元。

投机者操作的第一大要点是跟进止损，第二大要点是什么呢？

卖出的时机和点位如何选择呢？将上述法则倒过来即可。你可以在股票出现单重、双重和三重顶部的时候卖出，也可以在高点下方 3 个点的地方设置跟进止损单。对于做空而言，你可以等待股票出现主力派发筹码的迹象时，当股价跌破前期低点 3 个点的时候，进场做空，或者是等待向下趋势明确后当股价小幅反弹时，逢高做空。做空的初始止损单放置在被跌破的低点之上 3 个点的位置。**当一只股票跌破前一年低点 3 个点的时候，这是一个很好的做空机会。**

江恩在本书中所说的"1个点"其实就是 1 美元。

在下跌趋势中或者说在熊市中，如果股价在下跌途中，跌破前期低点超过 3 个点后继续走低，则在创新低前是不会反弹到前期低点上方超过 3 个点的。

我们以联合果业（United Fruit）为例来展示上述情况。这只股票在 1935 年 5 月见到低点 84.875 美元。当年 6 月，见到低点 84.25 美元，此后上涨到 7 月见到高点 90.75 美元。此后，该股又跌破了 81 美元，也就是前期双底下方 3 个点的位置。接下来，该股反弹，但是再也未能站在前期低点之上。

到了 1935 年 10 月，该股已经跌到了 60.5 美元（参考附录 1 的附图 1-2）。

不管你买入还是卖出，或者是做空股票，都应该基于明确的交易法则，耐心等待市场给出清晰的信号后再操作。交易者应该尽可能耐心地等待股价出现最可靠的趋势改变信号。耐心至关重要，不要冲动行事。不要忘记我反复强调的东西：**只要一只股票的趋势向上，那么价格再高也可以买入，同时需要设置止损单进行保护；只要一只股票的趋势向下，那么价格再低也可以做空，当然也需要同时设置止损单。**

> 控制是因为恐惧，喜欢高抛低吸的人都是喜欢控制的人。顺势而为则是因为自信，这种自信不是盲目的，而是基于方法的有效性。一旦你体验到了顺势而为的好处，那么你就会真正理解其价值和意义。

飙升行情的启动点

股价越高，则波动率越大，无论是波动速度还是幅度都比低价股更大。当股价向上突破 50 美元的时候，股价的波动率就会显著增加了。当股价向上突破 100 美元的时候，波动率会更大。如果股价进一步升至 150 美元及 200 美元甚至以上的话，则其波动速度和幅度都会更上一层楼。

你可以去找一只交投活跃，并且曾经大涨过的股票，查看其历史走势，看下它从 50 美元涨到 100 美元，再从 100 美元涨到 150 美元，以及从 150 美元到 200 美元，还有涨到 200 美元以上等几个阶段的波动情况，你就会明白我所言不虚了。

> 散户刚开始会惧怕高价股，这个时候股价会继续上行。等到哪天他们觉得股价上升空间还很大，并且敢于买入的时候，股价就见顶了。

当然，如果股价从高位下跌，在最初 50 美元或者 100 美元幅度的跳水中，其下跌速率是非常大的。当股价跌到 100 美元以下后，跌幅会逐渐收窄。如果股价进一步下跌，跌到 50 美元以下，则波动率会进一步下降。当然，反弹幅度也会变小，特别是在深幅下跌之后。股价跌得越低，则波幅越小，反弹幅度也越小。

持仓时间

"始初定全"！

当你买入一只股票后，如果按照第一天的收盘价来计算处于浮亏，那就很可能意味着你对趋势的判断是错误的。连续三个交易日后，如果你还是处于浮亏状态，那么你的判断有九成把握是错误的，应该立即平仓离场。

当你介入一只股票后，市场朝着有利的方向运动，第一天收盘时账户就处于浮盈状态，则你对趋势的判断大概率是正确的。连续三个交易日后，如果你还是处于浮盈状态，则你的判断有九成把握是正确的，应该继续持仓。

总而言之，当交易者发现判断有误后，应该及时离场；当交易者发现判断正确后，应该继续持仓。

1929~1932 年的全额保证金交易

投资要用全额保证金，投机要用杠杆。

我在此前的著作中指出过，不要用全额保证金进行交易。因为假设股票朝着不利的方向运行的话，那么你将不愿及时离场。当然，我也说过，如果股价在 10 美元左右甚至更低的时候，这种无杠杆的交易方式也是比较安全的。

许多人都有一种错误的想法，他们认为买入低价股肯定不会赔钱。他们完全陷入到一个危险的境地。当你采用全额保证金的方式，不利用财务杠杆买入股票时，确实不用担心补充保证金的通知。但是，你却没有意识到自己有可能输掉自己的所有本金，因为股价完全有可能因为退市或者破产而跌到无价值。

所以，交易者必须设想当走势不符合自己的预期时，应该如何处理的问题。交易者应该通过设置止损单来限制风险，保护本金的整体安全。如果因为采用全额保证金买入而死扛是毫无意义的，并且是极度危险的。当交易者判断失误时，要立即出局，不要因小失大。如果交易者判断正确，则应该坚守头寸，等着赚大钱。

不要因为你对某只股票有好感，或者是在过去多轮牛市中表现不俗，而认为它在未来也会如此。**热点和龙头都会出现轮换，交易者必须紧随市场的脉动，抓住新兴热点与龙头，才能在股市中游刃有余。**

注意历史高点和低点

当某只股票跌破了此前熊市的低点超过 3 个点后，交易者就需要注意该低点附近的支撑效力如何了。我们来看一个例子。

当股价在 1929 年开始暴跌时，你应该查看此前的熊市，也就是 1923~1924 年那波行情的底部是否发挥了支撑效果。如果这一底部区域被有效跌破了，你就要继续观察 1921 年的底部是够能否构成支撑。1921 年的低点曾经是一轮牛市的起点，如果这个低点也被有效跌破的话，接下来就要查看 1917 年的低点了，甚至需要查看 1914 年低点的支撑了。随着关键点位被逐一跌破，交易者需要查看 1907 年大恐慌创造的低点的支撑效力了。如果股价继续下跌，则只能去查看 1903~1904 年的低点，甚至 1896 年的低点。

交易者应该留意个股在哪些年度见到了极端低点。此后，如果一只股票跌到了历史极端低点，接下来数周或者数月在此极端低点附近横盘震荡，其间并未跌破这一极端低点超过 3 个点，那么你就可以判断出该股处于强势震荡之中，可以买入待涨。初始止损单可以放置在极端低点下方 3 点的位置。

一切异常值都在向我们透露最有价值的信息。股价的极端高点和低点，成交量的天量和地量，涨停板和跌停板，等等，诸如此类的股市异常值，交易者必须认真分析，仔细解读。

再以道琼斯工业股平均指数为例来进一步说明上述原理。该指数在 1932 年的时候跌到了 85 点，这是 1931 年的低点。接下来的关键支撑点位就是 1921 年的低点 64 点。该指数在 1932 年跌到了 70 点，横盘震荡一段时间后继续下挫，最终跌破了 64 点。

那么，再往下的关键支撑点位就是 1907 年和 1914 年的低点 53 点了。如果指数继续下跌，并且在 1932 年跌破 53 点，那么就需要观察下一个关键支撑点位了——1903 年的低点 43 点。这个低点曾经是一波大牛市的起点。1932 年 7 月，道琼斯工业股平均指数跌到了 40.5 点，但是并未跌到 1903 年下方 3 个点的位置，这表明关键点位发挥了支撑作用。

此时股市成交量萎缩，降至 1929 年以来的最低水平。这个点位成了市场趋势的转折点，大盘蓄势待发，接下来走出一波大牛市。

比如 1929~1932 年的大熊市，一只股票会跌到 20~30 年前构筑的大底部位置，进入横盘震荡，但却并不会跌破前期极端低点超过 3 个点，这就表明指数在这个极端低点附近获得了有效支撑，这是一个抄底的信号。如果是股票，则在前期低点下方 3 个点处设置初始止损单。

我们以美国钢铁为例来具体说明。该股于 1932 年 6 月跌到了 21.25 美元，比 1907 年大恐慌创下的极端低点只低了 0.625 个点，这是买入的机会，止损单设置在 19 美元即可。

美国钢铁从这个低点开启了一波上涨行情，不过其上涨幅度逊色于其他个股。原因之一在于其间它进行了一次分拆，股票数量从 500 万股增加到了 800 万股。

同样，交易者也应该注意历史极端高点。**当股价突破历史极端高点超过 3 个点时，则意味着进一步上涨的空间被打开了。被突破的极端历史高点距离现在越久远，则突破后的上涨空间越大。**

我以西屋电气（Westinghouse Eletric）为例来具体说明。**该股在 1918 年见到低点 38.5 美元，1919 年见到低点 40.5 美**

指数大底部可以从哪些阶段进行预判，具有哪些特征？这里提示几点：第一，舆情极端悲观，人人看跌；第二，持续地量；第三，底背离出现；第四，宏观经济处于衰退中期或者晚期；第五，中登所的活跃账户数据处于历史低点区域；等等。还有更多的大盘特征和分析工具，请参阅《股票短线交易的 24 堂精品课》有关"大盘与大势"的几个章节。

点位是局部性的因素，周期也是局部性的因素。点位和周期都是温度计的刻度而已，真正决定温度计读数的是温度本身，而不是温度计。

元，1921 年见到低点 38.875 美元。**这三个低点几乎落在同一水平，意味着这一区域存在强大的支撑**。股价跌到这一区域时，成交量显著放大，吸筹迹象明显。此后，价涨量增，到了 1925 年股价向上突破了 1915 年的高点 74.875 美元，接着涨到了 84 美元，进一步上涨空间被打开了。

接下来的关键阻力点位就是 1902 年的 116.5 美元了，这是当时的历史最高价。**当股价真的向上有效突破这一历史最高价时，进一步上涨的空间就被打开了**。此后，如果该股一路上行，交易者就可以按照金字塔顺势加码法进行操作。到了 1929 年，该股已经涨到了 292.625 美元。

当股价向上突破历史高点超过 3 个点时，股价进一步上涨的空间就被打开了，交易者可以顺势买入。

在熊市或者下跌趋势中，交易者不仅要注意历史低点，还要注意历史高点。在牛市的氛围下，道琼斯工业股平均指数于 1916 年 11 月升至 100 点新高，随后暴跌。1919 年，该指数恰好创出了一个新高 120 点，接着出现暴跌，于 1921 年跌到了 64 点。当下一波牛市在 1929 年筑顶后，一波暴跌接踵而至。

到了 1931 年 10 月，该指数已经跌破了 1919 年高点 120 点并超过 3 个点。指数进一步下降的倾向明显，下一个关键支撑点位在 110 点。当指数跌破 110 点并超过 3 个点后，于 1931 年 10 月见到低点 85 点。指数于 1931 年 11 月，回升到了 119 点，但是未能突破前期高点 120 点，这表明股价仍旧处于下跌趋势之中。

发掘熊市早期的领跌股

一些股票上涨早，见顶早，在其他股票构筑顶部之前，它们已经开始下跌了，主力派发时间更早，使得它们成了熊市中的领跌股。

当一些股票比其他股票更早地跌破前期的低点时，往往意味着它们是熊市早期的领跌股。在每一波牛市当中，总有一些股票率先下跌。这些熊市早期的领跌股要比绝大多数个股更早见顶。

克莱斯勒汽车（Chrysler Motors）就是这样的例子。该股在 1926 年 3 月见到低点 28.5 美元，接下来一波大涨，到了 1928 年 10 月该股见到高点 140.5 美元。它比道琼斯工业股平均指数以及大部分股票提前了 11 个月见顶，指数和其他大多数个股都在 1929

年 9 月才见顶。

当其他股票继续在牛市的最后飙升时，该股已经步入了下跌趋势，如果交易者此时还有该股应该减轻仓位才对。许多汽车股到了 1929 年 8 月到 9 月才见到这波牛市的顶部，相比之下克莱斯勒汽车却是领跌股。

研究该股在 1929 年的表现可以给交易者提供许多有益的启示。当其他个股还在大涨时，这只股票已经开始步入跌势。你可以查看该股的月度和周度走势图。

1929 年 1 月，该股见到高点 135 美元，此后转而下跌，于 5 月见到低点 66 美元，这比其 1928 年的高点低了 74.5 个点。1929 年 8 月，该股反弹到了 79 美元，仍旧比 1928 年的高点低了差不多 61 个点。

同年 10~11 月，股市经历大恐慌，该股走势仍旧疲弱。当年 11 月，见到低点 26 美元。此后反弹，于 1930 年 4 月涨到了 43 美元，不过仍显疲态。此后没有什么像样的反弹，到了 1932 年 6 月竟然跌到了 5 美元，然后进入 3 个月的横盘整理走势。从 1928 年 10 月的极端高点算起，该股至此已经下跌了 135.5 个点。

总结一下，**如果某只股票在牛市的第一年和第二年涨势迅猛，但是此后两年都无法突破第一年和第二年的最高点，那么就是走弱的迹象**。如果出现做空信号，应该及时入场做空。交易者可以通过查看个股的月度和周度走势图来获得趋势转变和做空的信号。

我们以玉米食品（Corn Product）为例来说明。该股在 1933 年 8 月和 9 月出现了上涨，见到高点 90.625 美元。次年 8 月，该股跌到 56 美元，然后蓄势上涨。不过，当它从 1935 年 3 月启动涨势时，其上涨速度要逊色于 1933 年。接下来，它在当年 7 月见到高点 78.375 美元。

从周度走势图和日度走势图你可以发现，这只股票见顶迹象明显（参考附录 1 的附图 1-3A 和附图 1-3B）。见顶时，该股距离 1933 年 8 月和 9 月的高点还差 12 个点，意味着空

强大的业绩预期或者是强劲的题材可以促使个股能够较大程度上抵消大盘的影响，不过如果大盘趋势与个股趋势一致，则可以锦上添花，提供系统性助力。

头力量强于多头力量。此后，股价下跌，于 1935 年 10 月见到低点 60 美元，比当年 7 月的高点要低 18 个点。指数和其他个股在 1935 年 8 月到 10 月这段时间内都处于上涨态势。如果交易者按照我给出的法则去操作，则应该做空玉米食品，同时做多西屋电气或者其他股票，这样可以从多空两边赚钱。

有一点盘面细节需要大家注意，玉米食品在 1935 年 7 月 13 日当周维持窄幅整理行情，接下来的一周则放量暴跌到了 70.5 美元。这就清晰无疑地显示出趋势已经发生了变化，个股趋势已经转而向下了。这个时候，交易者可以大胆地做空该股。同时期的道指趋势仍旧朝上，但是交易者不能因此而做空玉米食品。毕竟，该股走势已经发出了向上的趋势，不应该逆势做空。

发掘牛市早期的领涨股

一些个股跌得早，见底早，在其他个股见底之前，它们已经展开上涨势头了，这就表明它们是牛市中的领涨股。

当一些个股率先突破历史顶部的时候，这意味着它们是牛市早期的领涨股。

在每轮牛市中，都会出现这样的早期阶段领涨股，它们比其他股票更早筑底，也更早见顶。例如，最近一轮牛市的领涨股是在 1932 年到 1933 年第一批上涨的股票，它们也是在 1931 年时率先见底的个股。当时许多个股仍旧处于下跌走势中。

我们来看一些具体的例子。第一个例子是美国商业酒精公司（American Commercial Alcohol）。该股于 1929 年 4 月见到极端高点 90 美元，1931 年 10 月见到极端低点 5 美元。大多数股票在 1932 年见底，而它则提前了 8 个月。筑底期间，该股经历长时间大规模的震荡蓄势过程。

> 以重要的历史高点作为参照点，可以筛选出一些潜在的牛股。当然，技术面的筛选是第一步，接下来还需要查看其他因素，比如主力介入情况、题材和业绩的前景等。

1932 年 5 月，当其他股票纷纷创出新低之际，该股向上突破了前一年的所有高点，上涨趋势明显。1932 年 9 月的高点是 27 美元，1933 年 2 月的低点是 13 美元，这一低点比前一低点高出 2 个点。

1933 年 5 月，该股向上突破了 1932 年的高点，同年 7 月达到了 90 美元的高点，与 1929 年的高点一致，未能突破这一高点。一个双顶形成了，交易者应该了结多头头寸，转而做空。**做空的初始止损单可以放置在 1929 年高点上方 3 个点的位置。**

1934 年 7 月该股见到低点 20.75 美元，当年 12 月见到高点 34.75 美元。1935 年 6 月，见到低点 22.5 美元。股价维持在前期低点上方 1.75 个点的位置上，这表明支撑非常强劲。该股在 23 美元到 28 美元处于持续震荡状态，蓄势了 7 个月时间。最终，该股于 1935 年 10 月向上突破了 28 美元，进一步上涨的空间被打破了。

1935 年 11 月，该股继续上行，向上突破了 1934 年 12 月的高点 34.75 美元。**只有当股价超出这个高点达到 3 个点以上，才表明进一步上涨的空间被打开了。**

第二个例子是美国精炼（American Smelting & Refining），这也是一只牛市早期的领涨股，可以明显地看到该股率先见底，然后大幅上涨（参考附录 1 的附图 1-4）。1929 年 4 月，该股见到高点 72.875 美元。1931 年 9 月，该股见到低点 12.375 美元。当年 11 月，回升见到高点 26 美元。

1933 年，该股见到低点极端 10 美元，这是历史最低价。从年度高低点走势图可以看到 1907 年的低点为 24.25 美元，1915 年的低点为 20 美元，1916 年的高点为 81.5 美元，这是截至当时的历史最高价。

1923 年，该股见到低点 18 美元。1929 年，该股见到高点 72.875 美元，这个高点仅次于 1916 年的大顶部。此后，该股在 1932 年 6 月刷新历史低点。

该股在低点附近进行了充分的吸筹整理阶段。**1933 年 4

> 3 个点就是 3 美元，这是江恩早年最常用的过滤参数之一。晚年的时候，他将过滤值提高到了 5 个点。

月，**该股向上突破了 26 美元，超越了 1930 年以来的所有高点**（参考附录 1 的附图 1-4）。**这是一个买入机会，**同时随着股价持续走高，基于金字塔顺势加码法进行操作。

随后，股价出现一波飙升，于 1933 年 7 月向上突破了 73 美元，这曾经是 1929 年的高点，这表明进一步上涨的空间被充分打开了，交易者加码买入。

随后，股价接着向上突破了 81 美元，这是 1916 年的历史最高价。这表明趋势仍旧朝上，交易者可以基于金字塔顺势加码买入。从 1933 年 9 月到 11 月，该股在 105 美元附近震荡。次年 2 月，该股向上突破了 105 美元，这也是一个加码买入的机会。

1934 年 7 月，该股升至极端高点 141 美元，比极端低点高出了 131 美元。而此时，其他股票正在构筑底部。这波与大盘背离的飙升走势暂时告一段落后，开始回落。当其他股票开始上涨时，该股已经开始下跌了。从 1935 年 9 月到 12 月，该股在低点 92 美元附近震荡。

第三个例子是美国工业酒精公司（American Industrial Alcohol）。该股于 1932 年 6 月见到低点 13.25 美元，到了 9 月的时候，该股已经涨到了 36 美元。随后，一波回调，股价跌到了 13.5 美元，比 1932 年的低点高了 0.5 个点。两个低点构成一个双底形态，这是可以买入信号。

1933 年 7 月，该股涨到了 94 美元，美国的"禁酒令"（The 18th Amendment）废除，**大众预期对酒精的消费量将增加。**大众疯狂地买入该股，以至于股价暴涨。从 1933 年 2 月的低点 13.5 美元开始上涨，持续涨到了 7 月，见到高点 94 美元。暴涨之后，基本面不足以支撑，于是暴跌紧随而至。暴跌之后，出现一轮反弹，股价回到了 47 美元。此后，该股波动率下降，涨势也落后于大盘，直到 1935 年 9 月才最终向上突破了 47 美元。

倘若交易者持续追踪美国工业酒精公司的股票，那么当它在 1933 年持续上涨的时候就应该不断加码买入。当周度高

创历史新高和突破最近两年高点的个股是非常值得我们去研究的。

题材投机的关键是什么？是题材还是筹码？是预期还是资金流向？是大众还是主力？

低点走势图显示该股趋势转而向下时，你就应该做空了。

第四个例子是联合果业（United Fruit）。1932 年 6 月，该股见到极端低点 10.25 美元。充分震荡之后，该股转而上涨，于 1933 年 3 月**向上突破了 1932 年的高点 32.375 美元，这一迹象表明该股将成为领涨股**。从 1933 年到 1935 年初，该股都是表现不俗的龙头股之一。

1933 年该股见到高点 68 美元，1934 年该股见到高点 77 美元，1935 年 5 月则见到高点 92.75 美元。**只要该股的高点和低点渐次抬升，维持上升趋势，那么交易者就可以持续买入**。不过，当该股在 1935 年 7 月率先拐头向下时，交易者就应该顺势做空了。

第五个例子是克莱斯勒汽车。该股于 1932 年 6 月见到低点 5 美元，1932 年 9 月见到高点 21.75 美元。到了 1933 年 3 月，该股跌到了 7.75 美元，这个低点比 1932 年的低点上升了 2.75 美元。这是下方承接有力的表现和趋势向上的信号，当然也是一个良好的买入机会。

1933 年 4 月，**该股的成交量显著放大，到了 5 月向上突破了 1932 年的高点，这是更加强烈的看涨信号和良好的做多机会**。此后，该股继续向上突破了 1931 年的高点 25.75 美元，以及 1930 年的高点 43 美元，并且最终在 1934 年 2 月向上放量突破了 60.375 美元。

从日度高低点走势图和周度高低点走势图来看，该股已经升至了构筑顶部的区域，趋势转而向下的迹象明显。

1934 年 8 月和 9 月，该股跌至 29.25 美元的低点。不过**下跌幅度相当于 1932 年低点到 1934 年高点的 50%，这意味着该股还未完全走弱**。1935 年 3 月，该股跌到了 31 美元，比 1934 年的低点还高出 1.75 美元，一个双底形成了。这意味着该股在这一区域获得了强劲的支撑，买入信号出现了。

1935 年 8 月，该股向上突破了 1934 年的高点 60.375 美元，这意味着该股存在进一步上涨的空间，可以加码买入。1935 年 12 月，该股涨到了 93.875 美元。从 1935 年 3 月的低

历史最高点或者是前一年高点被突破，在江恩看来是明确的看涨信号。

点上涨，该股最终涨到了 1935 年 12 月的高点，涨幅为
62.875 美元。其间的回调幅度不超过 9 美元。该股涨势持续
而强劲，堪称金字塔顺势加码操作手法的绝佳机会。

> 面对一只大牛股，顺势加码是非常容易的，关键是如何选出一只大牛股。江恩给出的思路主要是选择那些创历史新高或者突破年度高点的股票。放在今天来看，这样的思路仍旧非常有借鉴意义，不过这只能当作初选。初选完了，你要分析其中的玩家、股票的题材和业绩等。

甄别强势股

只要交易者按照我在《盘口真规则》和《华尔街选股术》
两书中介绍的法则进行分析，那么选出强势股并不是难事。
下面我们看一下西屋电气的例子。

该股于 1932 年 6 月见到低点 15.625 美元，与 1907 年的
低点一致。基于我的市场法则，这是一个买入机会。买入的
同时要在前期低点下方 3 美元的位置设定初始止损单。

1932 年 9 月，该股见到高点 43.5 美元。1933 年 2 月，该
股见到低点 19.375 美元。这个低点比前期低点高了 3.75 美
元，意味着下方承接有力。此后一段时间，该股处于交投清
淡的状态，维持窄幅整理。从我的趋势研判法则出发，交易
者会发现该股此时正处于蓄势吸筹阶段，可以买入。另外一
个看好该股的原因是在 1929 年的股市景气阶段该股并未分
拆，也没有分红。

1933 年 7 月，该股向上突破了 43.5 美元，这是 1932 年 9
月的高点，能够向上突破这一前期高点表明该股具备继续上
涨的空间，交易者应该加码买入。同样在 7 月，该股最高涨
到了 58.75 美元。此时，该股的日度和周度高低点走势图有筑
顶的迹象。这个时候，交易者应该了结所有的多头头寸，并
且开始做空。1933 年 10 月，该股持续下跌，跌至 28.625 美
元，比 1933 年 2 月的低点高出 9.25 美元，这表明该股仍旧处
于强势之中。接下来，**该股长时间处于缩量盘整之中，其间**

股价从未跌破 28.625 美元这个低点，蓄势待发迹象明显，一个买入信号出现了。

1934 年 2 月，该股涨到了 47.25 美元，成交量再度放大，日度和周度高低点走势图都有见顶迹象。此时，交易者应该了结所有多头头寸，转而做空这只股票了。

股市才经历了一波牛市，日均成交量在 500 万股左右，到了 1934 年 2 月之后，大部分股票都转而下跌。1934 年 7 月，西屋电气跌到了 27.875 美元，这个低点仅仅比 1933 年 10 月的低点低了 0.75 美元。如果你在前期低点 29 美元附近买入，那么就在其下方 3 美元的地方设置初始止损单，也就是在 26 美元的位置设置。此后，这一止损单并未被市价触发。

在 7 月出现低点之后，该股持续窄幅整理到了 12 月。如果交易者长期跟踪这只个股，就会发现，该股并未跌破前期低点下方 1 美元的点位，这是买入的信号。

1935 年 3 月，当大部分个股下跌的时候，也就是道指即将构筑底部的时候，西屋电气已经跌到了 32.625 美元，此后交投活跃，成交量显著放大。**当年 4 月，该股向上突破了 47.25 美元，这是 1934 年的高点。**进一步上涨的空间被打开了，股价还将继续走高，交易者可以加码买入。

1935 年 7 月，该股向上突破了 1933 年的高点 58.75 美元，这又是一个强烈的看涨信号。根据我的市场法则，如果一只股票在回调的时候并未跌破刚突破的高点下方 3 美元，则意味着其保持强势。就西屋电气而言，这意味着不能跌到 55 美元。

该股突破了 58.75 美元后，回调到了 57 美元就企稳了。此后一路上行，到了当年 11 月，该股见到高点 98.75 美元。从 1935 年 3 月到 1935 年 11 月，该股持续上行，非常适合金字塔加码操作法买入。

熊市后期才刷新低点的股票

个股在熊市晚期开始下跌，或者是经过两三年的长期下跌之后，刷新了低点，这类股票不会像熊市早期就创出新低的股票疲弱，它们不会持续下跌。交易者应该采取的策略是当一只股票跌到新低之后，如果能够反弹到这个低点上方 3 美元的位置，就意味着下跌即将结束了，抛压减轻了，股价处于蓄势上涨的状态。

我们来看两个具体的例子。第一个例子是美国电话电报公司（AT&T）。该股在 1907 年经济恐慌的时候见到低点 88 美元。到了 1932 年 6 月时，熊市已经持续了 33 个月，此时该股跌破了 88 美元这个历史低点。

1932 年 7 月，该股跌到了 70.25 美元，比 1907 年的前期低点还低了 17.75 美元。不过，当月该股就回升到了 89.7 美元，比 88 美元的前期低点要高一些。之所以市场跌破 88 美元，是因为最后一波恐慌盘抛压所致，此后市场迅速反弹，表明已经见到大底部了。

1932 年 8 月，该股回升到了 91 美元，比前期低点高了 3 美元，意味着股价还将继续上行。9 月的时候，该股已经涨到了 121 美元。

根据我的市场法则，**当股价回升时，比前期低点 88 美元高出 3 美元时，交易者应该在 91 美元买入**，虽然这个价位比极端低点高出了 20 美元左右，但是此后两个月股价却又大幅上涨了 30 美元。这一情形再度证明了交易者应该恪守自己的交易法则，顺势而为，在趋势变化之后也要相应地变化操作方向。

第二个例子是联合燃气（Consolidated Gas）。当其他个股在 1934~1935 年之间向上突破前期高点时，该股正在遭受最后一波下跌的折磨。1923 年，该股见到低点 56.125 美元，1932 年该股跌破了这一历史低点，跌至 32 美元。当年 9 月，该股回升到了 66 美元。1934 年 7 月，该股跌破了 32 美元，这个点位是 1932 年的低点。1935 年 2 月，该股跌到了 15.875 美元，同年又反弹到了 34.5 美元，当年 11 月见到高点 34.75 美元。

该股一直没能涨到 1932 年低点 32 美元以上 3 美元的点位，疲态尽显。交易者应该了结多头头寸，转而做空。1935 年 9 月，这只股票跌到了 25.625 美元。当这只股票能够向上突破 35 美元的时候，或者说比前期低点高出 3 美元的话，则意味着该股将要拉开上涨趋势的大幕。

> 跌破 88 美元后又快速回升，这是一个空头陷阱，是一个买入的机会。

1929 年牛市晚期才创新高的股票

道琼斯 30 种工业股指数于 1929 年 9 月 3 日见到极端高点，美国钢铁和其他领涨股也在当天创出了新高。只有那些下功夫记录股价走势的少数人才会知道在 1929 年 9 月的暴跌之后，还有一些股票在继续创出新高，直到 1929 年 10 月初才见顶。

我要谈两个例子，第一例子是提姆肯轴承公司（Timken Roller Bearing）。该股在 1929 年 9 月见到高点 119.5 美元，而其历史大顶则是在当年 10 月见到的，具体点位是 139.375 美元。换而言之，该股在 10 月份还上涨了 20 美元，而同时期的道指则已经从 9 月的高点下跌了 100 点。

第二个例子是美国工业酒精。该股在 1929 年 9 月见到高点 226.5 美元，10 月见到高点 243.625 美元。10 月比 9 月的高点高了 17.125 美元。该股见顶时间相对较晚，当道指下跌的时候，该股继续上涨，完全脱离了大盘的暴跌。

创新高和创新低的股票是江恩关注的重点。

如果交易者仅仅因为平均指数和其他个股在下跌而卖出或者做空这两只股票，那就铸下大错。如果交易者能够恪守顺势而为的法则，持续做多，等到见顶后再卖出，那么就能获益甚丰。

牛市结束次年创新高的股票

当股价在牛市行情中构筑大顶部之后，会出现一波急跌，然后是中级反弹，最后是长期下跌的漫漫熊途。1929 年 9 月，股市触及极端高点之后，接下来的 10 月和 11 月，历史上最

大规模的暴跌开始了。接着，一波反弹，到了1930年4月构筑一个小型顶部。此时，道琼斯工业平均指数比1929年的大顶部低了差不多100个点。但是，在这种大盘持续下跌的背景下，部分股票竟然在1930年4月刷新了历史高点。

琢磨那些逆势上涨创新高的股票，并且剖析其原因是一件非常有价值的工作。 大部分在1930年4月创出新高的个股都是小盘股，它们的盘子小，容易被操纵。**当这些股票向上突破1929年的高点时，意味着它们的股价还会继续上涨。** 既然如此，交易者就应该继续坚定持股，并且顺势加码，直到其出现见顶的信号。不要因为大盘不佳，个股普遍下跌，就不敢买入，要敢于买入弱市中的强势股。

我们来看一些具体的例子。第一个例子是可口可乐（Coca Cola）。该股票在1929年进行了分拆，到了1930年股价仍处在上行态势中，直到1930年6月才构筑顶部，刷新了历史高点，触及191.375美元。由于这只股票见顶的时间较晚，因此下跌后的筑底时间也较晚。

当大部分股票在1932年6月见底的时候，该股还处于下跌走势中。它于1932年12月才见底，底部点位为68.5美元。此后，**该股经过横盘整理蓄势，主力吸筹迹象明显。** 蓄势之后，该股转而上行，逐年上涨，**低点和高点渐次抬升。** 直到1935年11月，该股涨到了298.5美元，这时候股票进行了分拆，1股拆为4股。

第二个例子是美国电力与照明公司（American Power & Light）。该股在1929年11月的恐慌性下跌中见到低点29.125美元。此后，它在1930年4月见到高点103.5美元，这比1929年9月的高点还要高出17美元。

当该股向上突破了1929年的高点之后，交易者应该顺势一路买入，直到出现见顶迹象。此后，**该股跌破了1929年9月的高点，转而下跌，这个时候交易者应该做空。**

1932年7月，该股跌到了2.75美元。1933年9月，该股涨到了16美元，此后转而下跌。从1933年第四季度到1935

熊市中的强势股值得我们去分析背后的驱动因素和真相，这是一个宝库。

年，该股的价格越来越低。**当其他股票在 1934~1935 年处于上涨态势时，该股却持续受制于 1933 年 9 月的高点，这是做空信号。**

1935 年政府出台了公用事业行业的管制法规，这一板块的个股遭到沉重抛售，该股也未能幸免，最终跌到了 1.125 美元的极端低位。因此，当股价不断刷新低点时，就是在持续确认趋势向下，交易者应该顺势做空。

第三个例子是钒钢公司（Vanadium Steel）。该股票于 1929 年 2 月见到高点 116.5 美元，到了 1930 年 4 月见到终极顶部 143.25 美元。到了 1935 年 4 月，该股跌到了 11.25 美元。

为什么这只股票能够在 1930 年 4 月上涨到如此高的位置？其中一个重要的原因是该股属于小盘股，流通股份少。该股的飙升为参与投机的内部人士提供了巨大的获利机会。不过此后，该股的经营业绩糟糕，在大衰退中举步维艰。

当该股于 1935 年 4 月见到低点 11.25 美元之后，上涨速度缓慢。该股落后于其他股票筑顶，后来的上涨也落后于其他股票。为什么会这样呢？因为钢铁行业是大衰退结束后最后一个复苏的行业板块。

第四个例子是国家钢铁（National Steel）。该股的流通盘较小，将这只股票的走势与同板块其他钢铁股进行比较分析是非常有价值的。在大衰退中，该上市公司的业绩情况良好，比钒钢公司和美国钢铁的业绩都要优异很多。

该股上涨得较晚。1930 年 4 月该股见到高点 76.5 美元，1932 年 7 月该股见到低点 13.5 美元。从 1933 年到 1935 年，该股的低点逐年上行。**1935 年 7 月，该股向上突破了 1934 年 2 月的高点，这就意味着进一步上涨的空间被打开了，交易者可以顺势买入。**

1935 年 11 月，该股向上突破了 1930 年 4 月的大顶部。这家公司流通盘小，管理层优秀，业绩预期好于伯利恒钢铁（Bethehem Steel）、美国钢铁等其他同行业公司。不管你对这家公司的主观看法如何，都应该按照实际走势来操作，当其趋势转而向下的时候，交易者应该采取相应的操作之道。

突破 1929 年高点的股票

我此前曾经说过，不要对道指重返 1929 年高点抱有希望。不过，经常会有个股向上突破 1929 年的高点。下面，我们就来看一些具体的例子。

第一个例子是美国安全剃须刀公司（American Safety Razor）。1932 年 6 月，该股见到低点 13.375 美元。从 1933 年到 1934 年，该股持续走高，期间回调持续时间为 2~3 个月。

1935 年 2 月到 4 月，该股围绕 75 美元横盘震荡。75 美元是该股在 1929 年的顶部点位。1935 年 5 月，该股向上突破了 75 美元，创出新高，表明进一步上涨的空间被打开了。同年 7 月，该股涨到了 95.75 美元。该股从 1932 年以来的上行趋势保持完好，属于这轮行情的领涨股。

如果将吉列（Gillette）与这只股票进行比较，你会发现后者要强劲得多。如果交易者最初买入了吉列的股票，那么盈利情况就会相去甚远。1933 年 12 月，吉列的股价跌至新低 7.625 美元，经过长时间的横盘整理之后，该股在 1935 年 8 月见到低点 12 美元。

第二个例子是哥伦比亚影业公司（Columbia Pictures）。该股票于 1930 年 4 月见到高点 54.75 美元。到了 1931 年 12 月，该股跌到了 2.625 美元。该股见底时间也比其他股票早半年左右。1932 年 7 月，当其他股票触及极端低点时，该股却已经突破前期高点了，上行趋势明显。

1933 年 3 月，该股跌到低点 6.625 美元，这个低点比 1931 年的低点高出 4 美元。低点抬升，表明下方承接有力。1933 年 5 月，该股向上突破了 1932 年的高点，意味着股价会继续上涨。1935 年 7 月，该股涨到了 81 美元的高点。同时期的派拉蒙影业（Paramount）、雷电华电影公司（Radio-Keith-Orpheum）和华纳兄弟（Warner Brothers）都因为破产而被资产管理者接管，股价徘徊在低位。当时，只有哥伦比亚影业独领风骚。买入强势股，卖出弱势股，这才是真正的投机之道。

第三个例子是康格柳木公司（Congoleum）。该股于 1930 年 12 月见到低点 6.25 美元。此后进入长时间的蓄势震荡。最终于 1933 年 3 月见到震荡区间的最后一个低点 7.5 美元。此后，该股的低点和高点持续抬高，直到 1935 年 7 月终于向上突破了 1929 年的高点，创下了 35.75 美元的新高。

第四个例子是麦基斯波特镀锡板公司（Mckeesport Tin Plate）。1932 年 6 月，该股见到极端低点 28 美元，9 月该股升至 56.625 美元，12 月又跌到了 40.125 美元。但是到了 1933 年 2 月，当其他股票还在低点附近徘徊时，该股已经上涨到了 57 美元，比 1932 年 9 月的高点还要高一些，这意味着股价还将继续走高。

该股的极端高点出现在 1931 年，为 103.5 美元。这波行情的早期阶段，该股气势如虹，堪称市场中的龙头股。1933 年 8 月，该股见到高点 95.75 美元，同年 10 月则回

落到了 67.25 美元。1934 年 2 月，股价又涨到了 94.25 美元，7 月见到低点 79 美元。低点在持续抬升。**1935 年 4 月，该股向上突破了 1931 年的大顶部，进一步上涨空间被打开了，强势依旧，股价还会刷新高点。**

第五个例子是国家酿酒公司（National Distillers）。该股于 1929 年 6 月见到高点 58.5 美元（参看附录 1 的附图 1–5）。1920 年 10 月，该股跌至低点 15 美元。此后，**1932 年 6 月，该股继续探低到 13 美元。这个低点与 1926 年 5 月的低点 12.5 美元构成了双底结构。**另外，13 美元只比 1929 年 10 月的低点低了 2 美元，因此下方承接力度很强。此后，该股震荡蓄势，当其他股票还在持续下跌时，该股已经转而上涨了。1932 年 8 月，该股见到高点 27.25 美元，1933 年 2 月该股见到低点 16.875 美元。低点逐渐抬升表明上升态势明显。

1933 年 4 月，该股接连向上突破了 1932 年的高点 27.25 美元，以及 1931 年的高点 36.375 美元，进一步确认了上升态势，交易者应该顺势做多，并且基于金字塔加码法操作。

1933 年 5 月，该股继续向上突破了 1928 年和 1929 年的高点，触及 58 美元。当年 7 月，该股升至 124 美元见顶，**当时每个人都看好该股，认为会上涨到 500 甚至 1000 美元。**此刻，交易者应该了结手中的多头头寸，转而做空。随后，该股一路暴跌。

> 一致看好，则意味着见顶，至少是阶段性顶部。

上述例子表明，交易者不要受到大盘走向的干扰，也不要从某一个板块中盲目选出一只股票。交易者一定要下功夫研究个股，精选个股，然后顺应个股的趋势去操作，这才是上善之策。

1932~1935 年的滞涨股

如果你去翻阅全部股票的历史数据的话，就会发现许多股票从 1932 年到 1935 年之间并未出现显著的上涨。实际上，在这段时间当中，有些股票的价格甚至比 1932 年 5 月到 6 月的点位还低。

我们来看一些具体例子。第一个例子是美国国际公司（American International）。该股于 1932 年 7 月见到低点 2.5 美元，次年 7 月见到高点 15.125 美元。此后，该股在 1933 年的低点为 4.25 美元，1934 年的低点为 4.75 美元，1935 年的低点为 4.5 美元。

1935 年 12 月，该股涨到了 10 美元。不过，如果你翻阅开始数据就会发现部分股票在 1932 年期间还徘徊于 3~5 美元，到了 1935 年它们已经上涨 25 美元到 75 美元不等。回过头来，你再查看美国国际公司的月度高低点走势图就会发现，该股在同时期却不温不火。**交易者应该远离这类股票，去关注那些低点和高点不断上升的个股。**

第二个例子是标准燃气与电力公司（Standard Gas & Electric）。该股在 1932 年 6 月见到低点 7.625 美元，1933 年 3 月见到低点 5.125 美元。到了 1934 年 12 月，该股跌到了 3.625 美元，到了次年 3 月跌至 1.5 美元。这是一只年年创新低的股票，同时期其他股票都在上涨。1935 年 12 月，该股处于 6.375 美元。

第三个例子是国民乳业（National Dairy）。1932 年 6 月，该股见到低点 14.375 美元，到了 1933 年 2 月，该股跌到了 10.5 美元，比 1932 年的低点低了 4 美元。同时期的道琼斯工业平均指数比 1932 年的低点高出 9 个点。这样的股票肯定不是强势股或者领涨股，明智的交易者不会在 1933 年 3 月买入这只股票，毕竟这是一只弱势股。虽然这只股票在 1933 年也有一定涨幅，但是与其他股票同时期的涨幅比起来，简直小巫见大巫。

1933 年 7 月，国民乳业的股价涨到了 25.75 美元，此后下跌。当年 12 月，股价跌到低点 11.25 美元，与 1933 年 2 月的低点共同形成了双底，第二个底部比第一个低点略微抬高了一些。如果愿意介入这类上涨缓慢的个股，那么这是一个不错的买点。

1934 年 7 月，该股见到高点 18.75 美元；到了 1935 年 3 月，股价又跌到 12.875 美元，此后进入横盘整理行情。**该股在 1935 年 3 月的低点比 1933 年 12 月的低点要高 2 美元，意味着下方承接有力，上行苗头出现。**

但是，直到 1935 年 11 月，该股才向上突破了 1934 年的高点。你不要因为指数和别的股票下跌就认为该股也会下跌。其实，国民乳业刚刚创出了新高，因此趋势向上，存在进一步上涨的空间。无论其上涨速度如何，反正不太可能随大溜下跌。其他股票已经有一波大涨，其中一些股票比 1932 年的低点高出 75 美元甚至更多，现在出现快速下跌也是正常的。

第四个例子是美国地产（U.S. Realty）。该股在 1929 年见到高点 119.5 美元，到了

1932 年 6 月已经跌到了 2 美元。1933 年 7 月，见到高点 14.5 美元。1935 年 3 月，跌至低点 3 美元，比 1932 年的低点高出 1 美元。1935 年 12 月，股价触及高点 11.5 美元。这家上市公司主营纽约的房地产，而房地产是当时最后一批复苏的行业。因此，这只股票也属于较晚启动上涨的一批。该股要想确立上行趋势，首先必须突破 1933 年的高点。

此外，阁楼糖果（Loft Candy）、大陆汽车（Continental Motors）等股票的交易冷清，未能突破前几年的高点。交易者应该选择那些突破前期高点的股票，那些高点和低点渐次抬升的股票，回避那些滞涨股和冷门股。

牛市中的弱势股

熊市中，股票会大幅下跌，跌到一个极端低价之后会出现回升。在随后的牛市初期，有些股票可能只会上涨 2~3 个月，**如果后来一直不能向上达到第一波上涨高点**，则这些股票将成为牛市中的弱势股。

从 1932 年 7 月到 1932 年 9 月，部分股票出现过一波持续 2 个月的迅速回升走势，不过后来却迟迟无法向上突破这波回升走势的高点。为什么会这样呢？背后的原因是这波回升其实是由高位做空者回补头寸所引发的，股价因此上涨，但是因为缺乏跟进买盘使得股价缺乏继续向上的动力。所以，股价就会下跌，或者步入窄幅震荡状态。

一个比较具体的例子是美国家居（American Home Products）。该股于 1932 年 6 月跌到了 25 美元，此后回升了两个月。到了 1932 年 8 月，该股涨到了 43.75 美元，不过在 1933 年 12 月又跌回到了 25 美元。1935 年底，该股的股价位于 36 美元左右。该股一直未能突破 1932 年那轮持续 2 个月的反弹的高点，因此这是一只弱势股，并不是你要寻找的领

牛市第一年的高点或者说上涨第一波的高点是江恩选强淘弱的关键参照点之一。

头羊。

甄别走势独立的股票

奥本汽车（Auburn Motors）的走势常常独立于汽车板块。换而言之，这只股票的走势经常与板块整体走势背离——当其他汽车股下跌的时候，这只股票却在上涨；当其他汽车股开始上涨的时候，这只股票却在下跌。

该股在 1933 年 5 月见到低点 28.75 美元，1932 年 8 月见到高点 81 美元，到了 1932 年 2 月见到低点 31 美元，比 1932 年的低点高出 2.25 美元，意味着此处有较为强劲的支撑存在。1933 年 7 月，该股见到高点 84.25 美元，仅仅比 1933 年 8 月的高点高出了 3.25 美元。此后，股价转而下跌，一路暴跌，到了 1933 年 10 月已经跌到了 31 美元。与 1932 年 2 月的低点其实差不多，此后出现了反弹。

1934 年 3 月，该股涨到了 57.375 美元，这个高点比其他高点更低，弱势特征明显。同年 6 月，该股跌破了 29~31 美元的所有低点，到了 1934 年 7 月，该股跌到了 17 美元。

1934 年 10 月，该股回升到了 30 美元。**该股刚好在前期低点下方遭受了严重的抛压，当它无法突破这些阻力点位时，意味着股票疲态尽显，股价还会继续下跌。**

1935 年 3 月，该股刷新了历史低点，跌至 15 美元。接下来出现一波显著的回升，在 8 月向上突破了 30 美元。这轮反弹更加有力，高度超过了此前两轮反弹，同时还向上突破了此前的关键阻力点位，进一步上涨的空间被打开了。1935 年 10 月，股价上涨到了 45.5 美元。

我们再来看克莱斯勒汽车。比较克莱斯勒和奥本汽车的走势可以发现，一只股票在走弱，一只股票在走强。1932 年 6 月，克莱斯勒的股价是 5 美元，而同期的奥本汽车已经涨到

按照江恩的理论，突破高点的幅度超过 3 美元或者说 3 个点，则意味着有效突破，但是他这里又说"仅仅高出"，这很难自圆其说。其实，完全可以从多头陷阱的角度来处理。也就是说，开始可以确认为突破有效，可以买入，此后掉头跌破高点超过 3 个点，就可以认为多头陷阱确认了，应该多翻空。

了 77.125 美元。

1933 年 2 月，克莱斯勒汽车见到低点 7.75 美元，而奥本汽车则见到低点 31.25 美元。

1933 年 9 月，克莱斯勒汽车的股价见到高点 52.875 美元，而奥本汽车则见到低点 45 美元，较 7 月的高点 84.25 美元下跌了 39.25 美元。奥本汽车此后逐渐趋弱，而克莱斯勒汽车则逐渐走强。

1934 年 8 月，克莱斯勒见到低点 29.25 美元，奥本汽车见到低点 17 美元。

1935 年 7 月，克莱斯勒向上突破了 1934 年的高点 60.375 美元，而同期的奥本汽车却远远低于其 1934 年的高点。当奥本汽车在 1935 年 10 月回升到 45 美元的时候，克莱斯勒已经触及了 88.75 美元的高点，其股价比奥本在 1933 年 7 月的高点还要高。

这一例子表明，交易者必须顺势而为，买入强势个股，做空弱势个股。

> 强弱可以纵向比较，也可以横向比较。横向比较，可以是个股与个股，也可以是个股与板块，个股与大盘等。

克莱斯勒汽车在 1935 年比奥本汽车等汽车股涨得更猛的原因是什么呢？因为该股在前一轮牛市中于 1928 年 10 月见顶，属于见顶时间较早的类型，所以它的股价上涨和下跌时段就与其他股票存在差异了。而奥本汽车在 1929 年见到高点 60.375 美元，属于见顶较晚的类型，此后它在 1931 年 4 月见到高点 295.5 美元，同时期其他股票仍旧处于下跌之中，这就再度证明了我强调的一个交易法则——要按照个股的趋势去操作，不要因为大盘走势而产生误判。

做多一只股票的同时做空另外一只股票

我们对比一下联合果业和克莱斯勒汽车的股价走势。为什么比较这两只股票 1935 年的周度高低点走势图呢？因为我

想让你看到研究个股趋势，并且按照个股本身的趋势进行操作是多么的重要。同时，我也想让你认识到，绝不要因为某只股票上涨，就去买入另外一只股票，主观地认为这只股票会跟风上涨。交易者应该根据每只股票的走势去分析和研判，预判其走势，然后顺势而为。

表 5-1　联合果业和克莱斯勒汽车的重要周度高低点

序号	日期	联合果业的走势	克莱斯勒的走势	两者走势比较
1	1月5日当周	联合果业当周高点为75.5美元	克莱斯勒当周高点为42.5美元	前者比后者的高点高出33美元。
2	3月16日当周	联合果业见到低点75.125美元	克莱斯勒见到年内低点31美元	前者比后者高出44.125美元。
3	5月18日当周	联合果业见到极端高点92.75美元	克莱斯勒见到高点49.375美元	前者比后者高出约43美元。此时，如果联合果业步入下跌趋势，则应该做空；克莱斯勒步入上行趋势，则应该做多。这样两笔交易都能够挣钱。
4	8月10日当周	联合果业见到低点72美元，比5月18日当周的高点要低20.75美元	克莱斯勒见到高点62.75美元，比5月18日当周的高点要高13.375美元	此时，联合果业比克莱斯勒高9.25美元。
5	8月24日当周	联合果业见到低点65美元	克莱斯勒见到低点57.5美元	前者仅仅比后者高出7.5美元。
6	9月14日当周	联合果业见到高点74美元，比5月高点要低18.75美元	克莱斯勒见到高点74美元，比5月18日当周的高点高出24.625美元	两者都回升到了74美元。如果交易者在5月已经买入了克莱斯勒的股票，那么现在已经获利24美元了。如果交易者同时做空了联合果业的话，那么现在也有18美元的利润了。前者的趋势仍旧向上，后者的趋势仍旧向下，交易者要顺应个股趋势操作。
7	10月5日当周	联合果业见到极端低点60.5美元，从大顶部计算，跌幅为32.25美元	克莱斯勒见到低点69美元	克莱斯勒现在反而比联合果业高出8.5美元。
8	11月23日当周	联合果业回升到了73.5美元	克莱斯勒回升到了90美元	后者比前者高出16.5美元。
9	12月28日当周	联合果业再度跌至60.875美元	克莱斯勒见到年度高点93.875美元	后者比前者高出33美元。

　　请参考附录1的附图1-6，该图叠加了联合果业和克莱斯勒的周度高低点走势图，这两只股票开始的时候走势背离，然后重叠，最后又背离。

叠加走势图是非常好的强弱分析方法。

江恩是如何具体判断出联合果业步入下跌趋势的？又是如何判断出克莱斯勒上涨趋势的？这个问题只有江恩能解答了，不过这一小节并未说明。只能从本书其他章节，甚至江恩的其他著作中去寻找了。

并非只有这两只股票才会出现这种情况，在 1935 年同样的情况很多。你会看到一些股票上涨的同时，另外一些股票却在下跌。当你在联合果业上做空，同时在克莱斯勒上做多时，你就顺应了前者的跌势和后者的涨势，利用金字塔顺势加码操作，你将在两笔交易上大赚。

在股票走弱或者步入下跌趋势的时候，做空；在股票走强或者步入上涨趋势的时候，做多。这样就能经常有机会同时从多空两个方向挣钱了。

反弹或者回调不超过两三个月的个股

在牛市中，如何判断个股是否还会继续上涨呢？这里存在一条市场法则可以运用：**个股上涨后回调的持续时间不能超过两三个月，在第三个月必须恢复涨势；如果下跌超过了 3 个月，那么股价会继续走跌。**

我们来看一些具体的例子。第一个例子是克莱斯勒，该股在 1926 年 3 月见到低点 28 美元，此后持续上涨。到了 1928 年 10 月，股价已经见到了 140.5 美元，其间任何一波回调持续的时间都未超过两个月。

当其股价从 140.5 美元转跌后，一只跌到 1929 年 11 月见到低点 26 美元，其间任何一波反弹持续的时间都未超过两个月。这就验证了上述市场法则多么有效。此后，1930 年 4 月，该股反弹到了 43 美元，然后恢复跌势，最终在 1932 年 6 月跌至了 5 美元，其间的反弹并未超过两个月。

第二个例子是道琼斯铁路股平均指数。该指数在 1929 年 9 月刷新了历史高点，见到了 189 点。此后在同年 11 月的恐慌中暴跌，接着反弹，于 1930 年 4 月见到高点 158 美元。随后，恢复跌势，于 1932 年 6 月见到低点 13 美元。此前，该指数一度在 1896 年刷新过历史的低点，见到 42 点。因此，当指数跌破历史大底部时，意味着还将继续下跌，此时应该顺势做空，做空铁路股，直到该指数和铁路板块个股都出现了筑底迹象。

在熊市中，股票继续走弱的一个信号是：股价的反弹只持续了6~7周，或者说不超过2个月，到第三个月就后续乏力了。从1930年3月到1932年的低点，该指数的反弹都未超过2个月，从1931年2月的高点111点跌到后来的低点13点，其间的反弹从未超过1个月，这表明指数处于极端疲弱的状态，抛压过重，股市陷入了熊市中。

能否做空流通盘较小的个股

在熊市中，如果个股的趋势转为向下，那么做空盘子较小的个股与做空盘子较大的个股是同样安全的。当主力在高位完成派发之后，不管是大盘股，还是小盘股，都会处于下跌趋势。而那些曾经达到极端高价的股票会下跌得更加迅猛，在1929~1932年的大熊市中，这样的例子数不胜数，我们略举几例。

第一个例子是科思收割机（Case Threshing Machine）。这家上市公司的流通股只有13万股，1928年11月该股的价位为515美元，到了1932年5月见到低点16.75美元。在下跌期间，该股出现过多次快速反弹。倘若交易者能够把握其波动节奏——在恢复下跌时做空，在反弹开始时回补，甚至做多，那么在它从顶部跌到底部的过程中，你将获利甚丰，因为整个跌幅高达500美元。

第二个例子是奥本汽车，这是当时可以大胆做空的一只股票。1929年9月，该股的价格为514美元，到了1935年3月的时候，其价格仅为15美元。

奥本汽车的流通盘也只有16.6万股，它从1929年的极端

如何做到高抛低吸？可以参考《高抛低吸：斐波那契四度操作法》。但是，光看技术面肯定是不够的，因此最好能够结合题材来操作。不同性质的题材，往往与不同的技术特征对应。

高价跌到 1935 年的极端低价，跌幅高达 499 美元。但是，当这只股票跌到 100 美元，甚至 50 美元的时候，又有多少人敢于追空呢？事实上，只要下跌趋势未变，哪怕跌到了 25 美元，仍旧可以做空。同样，如果股价处于上涨趋势，那么无论其价格多高，都可以买入做多。奥本汽车就是这样的股票，在上涨趋势中，当股价高达 400 美元时，你仍旧可以做多；在下跌趋势中，当股价低至 40 美元时，你仍旧可以做空。

第三个例子是公众无线电公司（Radio Commom）。虽然这不是一只小盘股，不过在 1929 年 3 月升至 549 美元之后进行了分拆，1 股拆分成 5 股。1932 年 6 月，该股跌到了 2.5 美元。在 1929 年股市普遍乐观的时候，没有人会想到这只股票最后会跌到 2.5 美元。这只股票在 32 个月的时间内跌了 546.5 美元。从 1929 年到 1932 年的熊市中，这样巨大的跌幅也是屈指可数的。

这个极端的案例也证明了我们此前提出的另外一个观点：永远不要采用全额保证金的方式交易，否则很可能让你输个精光。在交易时唯一可行的做法就是在进场的同时，设定初始止损单，这样可以限制你的风险。

不管股票的流通盘有多大，如果趋势向下，那么股价就会走跌；如果趋势向上，那么股价就会走高。

等待确定无疑的抄底信号

当股票的恐慌性暴跌快要结束的时候，下跌的尽头就要出现了，在这个时候交易者有充分的买入窗口。交易者首先需要做的事情，就是研究过去的历史走势，复盘个股在 1932 年筑底的过程。通过这样的研究，交易者就可以明白股票筑底需要多长的时间，筑底完成有什么样的特征和信号。

个股筑底有哪些重要的特征呢？试着从成交量、线形态、动量背离、题材性质，以及舆情几个角度进行归纳。

如果交易者有耐心的话，可以等待向上趋势确认后再买入，这样赚钱的概率更高。当然，交易者也可以提前埋伏。如果一只股票持续数周甚至数月低位横盘震荡，但都未跌破低点，这意味着该股在蓄势待涨。这种情况下，交易者可以买入股票，同时在低点下方设置初始止损单。

我们来看具体的例子。佳斯迈威（Johns-Manville）这只股票比较有代表性，能够说明问题。这只股票曾经是高价股，其走势演变会告诉你一只股票筑底的过程需要花费多长时间。

1929 年，该股的高点为 242.75 美元。到了 1932 年 4 月，这只股票的价格跌到了 10 美元。随后，从 4 月到 7 月，**该股都在 10 美元附近横盘震荡，整理持续了 4 个月时间。**到了 1932 年 7 月的中下旬，该股向上突破了 8 月的高点，向上趋势确认。

1932 年 9 月，该股见到高点 33.375 美元。如果你在低位盘整期间发现该股并未跌破低点，有企稳迹象，于是买入，那么到现在你的盈利幅度已经有了 20 多美元了。你或许在 10 美元附近买入，同时将初始止损单设置在 9 美元，这就是股价的支撑点位所在。

在 1934 年和 1935 年期间，包括这只股票在内的许多股票都适合采用金字塔顺势加码法操作。**因为这些股票不断突破前期高点，低点和高点也在不断抬升。**1935 年 11 月，该股涨到了 99.5 美元的高点。

股票筑底的过程需要相当长的时间。不过，大多数交易者都沉迷于盯盘当中，被微小的价格波动所吸引，追逐 0.125 美元的价差。这类交易者当然会无视长时间的筑底过程。

在追逐微小利差的过程中，交易者忽视了趋势，以至于很容易在顶部附近买入，在底部卖出。我们不能再犯同样的错误了，不要去胡乱猜测股市会怎么走。等市场出现了趋势变化的明确信号后，才介入。不要被指数的波动所干扰，也不要被同板块其他个股的变化所误导。牢记一点，搞清楚参与个股的趋势，并且顺势而为。

横盘整理期间，该股并未任何广为人知的利好，甚至有利空消息，成交量萎缩后放大，则主力吸筹的可能性很大。

市场有分化，但是也有共振。因此大盘、板块和个股三个层次都要分析到位。

成交量

见到天量的时候，交易者一定要结合舆情和席位等数据分析一下到底是谁在买，谁在卖。

——魏强斌

成交量才是市场背后真正的驱动力量，它表征了股票供给量和需求量的动态关系。不管参与市场的是职业交易者，还是散户，抑或是任何玩家，其踪迹都会显示在报价纸带上，体现为成交量数据。因此，**如果交易者能够下功夫研究成交量的变化，就能更加准确地判断出趋势的变化，特别是将其他法则与成交量综合起来研究个股趋势时，更是如此。**

成交量可以与动量指标结合，与 K 线结合，与斐波那契结合，与题材结合。在附录中，我给出了综合 K 线、成交量、斐波那契和动量指标四个要素的"下跌趋势潜在反转处的买入法"。

通过成交量识别股价转折点

通过四条成交量法则甄别趋势是否反转。第一条法则是：个股在长期上涨之后或者飙升之后出现成交量急剧放大情况，则意味着涨势结束，股价见顶了，至少阶段性见顶了。随后，在沉重的抛压之下，股价会出现急跌，然后中级反弹出现，相应的成交量是萎缩的，这表明股价已经见到大顶了，此后大势向下。

N 字顶部！

第二条法则是：**倘若该股创出次低高点之后进入盘整，成交量萎缩，波幅较小，当其放量跌破前期低点时，进一步下跌空间打开了。**

第三条法则是：**在经历长达数周、数月或者数年下跌之后，如果股价在底部附近，则成交量应该显著萎缩，波动率也应该下降。**这些迹象表明抛压大幅减轻，浮动筹码大幅减少，空头濒临衰竭，变盘点临近了。

地量见地价！

第四条法则是：**股价长期下跌后出现第一波涨势，接着出现一波中级回调走势。这波回调如果是缩量的，而恢复上涨后放量，则意味着股价还会涨得更高。**

N字底部！

上述法则不仅适合用来研判个股的趋势转折点，同样也可以用来研判指数的趋势转折点。交易者通过研究纽交所日度成交量、周度成交量和月度成交量，就能够判断出大盘的趋势变化。

总而言之，**当股价接近顶部时，成交量会显著放大；当股价接近底部时，成交量会显著缩小。**当然，也有一些例外情况，比如1929年10月和11月。当大盘下跌速度非常大的时候，底部也会放出大量，形成一个尖状底部，然后一波报复性反弹。不过，正如第四条法则所示，第一波快速上涨之后，会出现缩量回调，这是市场运行的规律。

实际上，道氏理论非常注重成交量，只不过道氏理论更多是关于市场运动的理论，而不是交易者操作的理论。江恩理论则兼顾了分析和操作。

纽约股票交易所的月度成交量（1929~1935年）

通过认真研究纽交所的月度成交量，你能更好地理解成交量在研判趋势时的价值（见表6-1至表6-7）。1921年7月和8月，大盘处于熊市的底部位置，月度成交量为1000万股到1200万股。1928年3月，历史上首次月度成交量达到8400万股。此后，**随着一批股票在1928年6月回调后恢复上涨，成交量也配合放大。**

天量在什么情况下不是天价的征兆？

1928 年 11 月，整个市场的成交量猛增到了 1.14 亿股，创下月度成交量的历史新高。1928 年 12 月，股市的成交量仍旧很大。实际上，成交量从这时开始一直维持在高位，直到 1929 年股指见到终极顶部。

表 6-1 1929 年月度成交量

序号	1929 年	月度成交量情况
1	9 月	成交量超过 1 亿股，道琼斯工业股平均指数升至历史高点 386 点。
2	10 月	1929 年 5 月以来，道指首次跌破了上月低点，确认大盘趋势向下。10 月刷新月度成交纪录，高达 1.41 亿股。
3	11 月	指数处于恐慌性暴跌的底部，月度成交量萎缩到 7200 万股。
4	12 月	月度成交量为 8300 万股。

表 6-2 1930 年月度成交量

序号	1930 年	月度成交量情况
1	1 月	月度成交量为 6200 万股。
2	2 月	月度成交量为 6800 万股。
3	3 月	月度成交量达到 9600 万股。
4	4 月	道指有所反弹，月度成交量放大到 1.11 亿股。
5	5 月	上半月，道指跌破 4 月低点。这是 1929 年 11 月见到低点后指数首度跌破月线低点。月度成交量为 7800 万股。此后，大盘又一波暴跌。
6	6 月	道指继续下跌，月度成交量为 8000 万股。
7	7~8 月	指数出现小幅反弹，两个月的总成交量为 8000 万股。
8	9 月	指数在月初些许上涨，接着恢复跌势，创出新低，月度成交量为 5000 万股。
9	10 月	指数再度创出新低，此时指数已经跌破了 1929 年 11 月低点，成交量为 7000 万股。
10	12 月	道指比 1929 年 11 月的低点还低了 46 个点，月度成交量为 6000 万股。

表 6-3 1931 年月度成交量

序号	1931 年	月度成交量情况
1	1 月	指数开始反弹，月度成交量为 4200 万股。
2	2 月	反弹结束，月度成交量为 6400 万股。反弹高点附近成交量显著放大，说明抛压增加，阻力增加。需要注意的是，反弹的高点恰好位于 1929 年 11 月的低点之下。当指数回升到前期恐慌性暴跌的低点之下时遭遇强大阻力。
3	3 月	指数再度下跌，月度成交量为 6400 万股，且在股价下跌过程中伴随放量。
4	4 月	月度成交量为 5400 万股。
5	5 月	月度成交量为 4700 万股。

续表

序号	1931年	月度成交量情况
6	6月	当月指数一波暴跌，见到新低120点，这是1919年的高点，也是1925年5月的大底部。此后，指数快速回升，持续涨到6月底到7月初，指数回升到了157.5点，但是未能向上突破1931年5月的高点。月度成交量为5900万股。
7	7月	月度成交量萎缩到了3300万股，大盘逐渐下跌。
8	8月	月度成交量萎缩到只有2400万股，指数仍旧处于窄幅震荡之中，没有任何上涨动作。
9	9月	交投活络起来，成交量升至5100万股，但是指数却在当月下跌了45个点，意味着走势疲弱，还有进一步大跌的潜在风险。
10	10月	指数果然一波暴跌，跌至85点，月度成交量为4800万股。
11	11月	指数反弹后在11月9日见到高点119.5点。这个点位也是上一次反弹起点，指数并未向上突破前期的关键点位，意味着趋势仍旧向下。月度成交量为3700万股，反弹时量能萎缩明显。
12	12月	指数再度刷新低点，跌到了72点，月度成交量为5000万股，这是1931年9月以来的最大月度成交量，意味着抛压仍旧沉重。

表6-4　1932年月度成交量

序号	1932年	月度成交量情况
1	1月	道指跌到了70点的低位，月度成交量为4400万股。
2	2月	指数回升到了89.75点，月度成交量为3100万股。
3	3月	指数与上月点位基本一致，月度成交量为3000万股，但是无力回升，缓慢下跌。
4	4月	道指跌破了70点，这是1月份的低点。4月，道指最低跌到了55点，月度成交量为3000万股。
5	5月	指数跌破了53点，这是1907年和1914年恐慌性暴跌的低点，这表明指数还有进一步下跌的空间。当月指数的低点是45点，月度成交量为2300万股。
6	6月	指数刷新低点，当月波幅为10个点左右，月度成交量为2300万股。
7	7月	1932年7月8日，道指跌到极端低点40.5点，成交量极端萎缩。指数和个股股价都处于窄幅整理之中，熊市已经步入最后阶段。指数在当月下旬向上突破了6月的高点，趋势反转。当月波幅为13个点，月度成交量仍旧为2300万股。指数在7月的低点比1929年的大顶部要低345个点。从5月到7月，这3个月的成交量加起来不到6900万股，这是1923年以来的地量。对比之下，1929年9月见到终极顶部时的月度成交量为1亿多股，10月的成交量更是达到了1.41亿股。现在成交量极度萎缩，表明抛盘衰竭，趋势发生了变化。无论是投机者还是投资者都因为绝望而了结自己的头寸。牛市在绝望中萌芽，在亢奋中完结。成交量极度萎缩，波动率显著下降，所有的市场信号都确定无疑地表明了熊市已经结束了，牛市即将来临了。从1932年7月中下旬开始，一波上涨拉开序幕。
8	8月	当月出现一波暴涨，月度成交量为8300万股，该月的成交量比前3个月的总和还高。空头应该平仓了，而睿智的投资者应该买入了。
9	9月	第一波涨势见顶了，月度成交量为6700万股。从7月8日开始计算，这波涨势的幅度为40个点。这波上涨明显放量，从7月8日到9月顶部的累计成交量是1.68亿股。指数没能持续上涨超过3个月。从1930年4月到1932年7月，指数和个股都未出现超过2个月的上涨。因此，牛市正式确立还需要指数和个股出现至少持续3个月的涨势才行。
10	10月	9月过后，指数重回跌势，下跌速度很慢，幅度很小，同时成交量萎缩，月度成交量为2900万股。

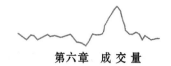

续表

序号	1932 年	月度成交量情况
11	11 月	月度成交量为 2300 万股。
12	12 月	月度成交量仍旧是 2300 万股。

表 6-5　1933 年月度成交量

序号	1933 年	月度成交量情况
1	1 月	月度成交量仅有 1900 万股。
2	2 月	全国都处于悲观和恐慌之中，银行倒闭潮出现，人们不计成本地抛售各种证券。企业成批破产，经济处于大衰退之中。道指在 2 月跌到了 50 点，比 1932 年 7 月低点高出 9 个点，月度成交量还是 1900 万股，这是十多年来的地量水平，也是 1929 年 9 月以来的最低月度成交量，底部特征明显。
3	3 月	罗斯福在 3 月 4 日宣布就任总统，宣布银行停业整顿。中级回调结束，股市进入休养生息阶段。指数开始恢复上涨，价涨量增。月度成交量为 2000 万股。
4	4 月	美国宣布放弃金本位制度，利好股市和商品期货市场，两个市场急涨。纽交所的月度成交量达到了 5300 万股。
5	5 月	道指继续上涨，月度成交量达到了 1.04 亿股。
6	6 月	月度成交量放大到了 1.25 亿股。
7	7 月	月度成交量为 1.2 亿股。从 1933 年 3 月的低点到当年 7 月的高点，纽交所的总成交量达到了 4.22 亿股，道指在 7 月见顶时的点位比 1932 年 2 月的低点要高出 60 个点。极少数交易者会记录成交量的数据，更别说去研究了，当然也就对巨量的含义不甚了了。这是纽交所成立以来所有牛市中成交量最大的一波。它比 1929 年最后一波上涨的成交量还要大。1929 年最后一波上涨从 1929 年 5 月持续到了 9 月，指数的涨幅为 96 个点，这期间纽交所的累计成交量为 3.5 亿股。这波飙升是史上最狂热的一次股票投机，大家疯狂买入。商品期货价格也得到了热烈的追捧。从历史回到现实，1933 年 5~7 月的成交量高达 3.5 亿股，相当于 1929 年 5~9 月的成交量，这一特征确定无疑地告诉交易者，市场过度亢奋了。商品期货和股票的价格涨势迅猛，大众一致看涨做多，交易太过于迅猛了。7 月 18 日到 21 日，股指在 4 天时间内跌了 25 个点，跌至 85 点。同时期内，棉花和小麦期货的合约价格也暴跌。投机大佬克劳福德博士（Dr.E.A. Crawford）就是在这段时间内破产的，因为他参与了当时狂热的商品期货交易。
8	8~9 月	7 月的暴跌之后，指数在 8~9 月出现了反弹。反弹的高点与 7 月的高点仅仅相差 2 个点，形成一个双顶形态。反弹时的成交量萎缩了。8 月的成交量为 4200 万股，9 月的成交量为 4300 万股。两个月的成交量大概只有 1933 年 7 月成交量的 1/3。
9	10 月	道指跌到了 82.5 点，这是大牛市启动前的低点。月度成交量降至了 3900 万股，成交萎靡不振，波动率下降。股指从 10 月的低点开始回升，缓慢上涨。
10	11 月	月度成交量为 3300 万股。
11	12 月	月度成交量为 3500 万股。

表 6-6　1934 年月度成交量

序号	1934 年	月度成交量情况
1	1 月	月度成交量为 5400 万股。
2	2 月	月度成交量为 5700 万股。2 月的高点比 1 月的高点稍高。道指未能向上突破 1933 年 7 月的高点超过 1 个点，双顶在此附近形成了。1 月和 2 月的累计成交量达到了 1.11 亿股。指数第三度在同样的点位受阻，这是见顶的特征。个股方面，见顶的迹象明显，放量不涨，抛压沉重。指数从 2 月中下旬开始下跌。
3	3 月	月度成交量为 3000 万股。
4	4 月	道指略有上涨，月度成交量为 2900 万股。
5	5 月	指数下跌，月度成交量为 2100 万股。
6	6 月	道指小幅回升，月度成交量却萎缩到了 1600 万股。
7	7 月	7 月 26 日，指数见底，当日成交量为 300 万股。道指已经跌到了 85 点，比 1933 年 10 月的低点略有抬升。月度成交量只有 2100 万股。个股的波动率大多下降，呈现窄幅震荡走势，筑底迹象明显，下一轮牛市处在酝酿阶段。其实，指数在 1933 年 7 月见到了极端高点，基于我的交易法则，从大盘任意的极端高点或者低点算起，此后一年、两年以及三年是大盘的变盘点。因此，1934 年 7 月刚好是 1933 年 7 月的一年变盘点，交易者应该注意。
8	8 月	指数回升了 11 个点，月度成交量为 1600 万股。
9	9 月	道指回调到 7 月低点之上 1 个点的位置，月度成交量降到了 1200 万股，这是数年以来的地量，筑底迹象明显。
10	10 月	道指出现一波小幅度回升，相应的成交量稍稍有所放大，月度成交量为 1500 万股。
11	11 月	月度成交量放大到了 2100 万股。
12	12 月	指数上涨，月度成交量为 2300 万股。

表 6-7　1935 年月度成交量

序号	1935 年	月度成交量情况
1	1 月	交投活跃，月度成交量为 1900 万股。
2	2 月	反弹见到顶部，月度成交量只有 1400 万股，多头乏力，无法继续推动指数上行。
3	3 月	指数出现大幅下跌，这是指数的最后一波下跌，月度成交量为 1600 万股。
4	4 月	交投重新活跃起来，指数开始上行，月度成交量为 2200 万股，牛市拉开序幕。
5	5 月	道指向上突破了 1933 年的高点和 1934 年 2 月的高点，月度成交量为 3000 万股。个股大多出现价涨量增的特征，纷纷创出新高。
6	6 月	道指向上突破了 120 点，这个点位比前一轮牛市在 1931 年 11 月 9 日创下的最后一个顶部还高，上涨动量十足。月度成交量为 2200 万股。
7	7 月	个股纷纷刷新这轮牛市的高点，指数涨势明显。月度成交量为 2900 万股。
8	8 月	个股继续刷新高点，指数也涨势迅猛，月度成交量放大至 4300 万股。这是 1934 年 1 月和 2 月以来的最大月度成交量。
9	9 月	指数继续上涨，月度成交量达到 3500 万股。
10	10 月	指数涨到了 142 点，月度成交量为 4600 万股。

续表

序号	1935 年	月度成交量情况
11	11 月	月度成交量为 5700 万股，与 1934 年 2 月反弹见顶时的成交量差不多。指数涨到了 149.5 点，比 1932 年 7 月的低点高出了 109 点。指数在 11 月 23 日当周见顶，这一周的成交量为 1900 万股。这是 1934 年 2 月 10 日以来的最大周度成交量。从 1935 年 3 月开始，到天量出现时，指数已经涨了 53 个点了。基于我的市场法则，交易者这个时候需要注意指数见顶的信号，重点观察龙头股的变盘信号。
12	12 月	接下来，一波下跌，指数从 11 月的高点下行，跌幅为 10 多个点。月度成交量为 4500 万股。

回顾道指 1934 年 7 月到 1935 年 11 月的走势特征

从 1934 年 7 月 26 日的低点到 1935 年 11 月 20 日的高点，累计成交量为 4.07 亿股，道琼斯工业股平均指数的涨幅为 65 个点。需要注意的是，指数从 1933 年 3 月的低点到 1933 年 7 月的高点，涨幅为 60 个点。也就是说，1933 年 7 月到 1935 年 11 月的这轮涨势比 1933 年 3 月到 1933 年 7 月的那波涨势的幅度高出 5 个点。根据我的市场法则，交易者应该留意是否会发生变盘信号，因为至少会出现一些回调。

交易者需要注意从 1934 年 7 月到 1935 年 11 月这 16 个月的总成交量。这段时间的总成交量要比 1933 年 3 月到 1933 年 7 月那 5 个月的总成交量少 1500 万股，这表明证券监管新法规的出台降低了市场的成交量。

如果交易者能够持续跟踪和分析纽交所的成交量，同时观察道琼斯工业股平均指数的走势，则将在预判指数见顶方面拥有更高的准确度。

根据加特利波浪理论，市场有时候存在 1 倍延伸的现象，也就是后面一波走势的幅度与前面一波走势的幅度一致。在外汇市场和股指期货当中，这种形态有较高的出现频率，参考附录"闪电形态和变种的交易策略"的介绍。

看看 2015 年股灾前后的市场成交量变化吧。

对克莱斯勒 1928~1935 年周度成交量的研究

交易者在分析个股的时候，要留意其成交量的变化。当

个股缩量下跌后，会进入窄幅震荡期，成交量会极度萎缩，然后开始放量上涨，并且在放出天量后见到极端高点。从成交量的变化上，交易者可以判断出底部和顶部。下面，我以克莱斯勒汽车为例说明。

1928 年克莱斯勒的价量走势

1928 年 1 月 21 日，克莱斯勒触及低点 54.5 美元，6 月 2 日见到高点 88.5 美元。随后，该股持续下跌，跌到了 6 月 23 日，见到低点 63.625 美元，3 周时间跌了近 25 美元，累计成交量为 101.2 万股。

接下来，该股持续大涨了 15 周，这是这轮行情的最后一波上涨。其间，股价从未跌破前一周的低点。从低点 63.625 美元一直涨到了 10 月 6 日的 140.5 美元，15 周时间的涨幅高达近 87 美元，累计成交量为 957.18 万股。这波上涨的最后两周的累计成交量高达 276.8 万股。

可以参考一下该股的股本总额，以便更好地理解上述成交量。该股在纽交所的上市总股份为 448.4 万股。以这个数字为参照，那就意味着最后一波上涨中，总股份换手了两次多，最后两周的涨势中，有一半多的总股份参与了换手。如此大的成交量意味着股价将很快见顶。

10 月 6 日当周，成交量为 174.15 万股，这是该股史上最大的周度成交量，几乎相当于流通股的四成。

此后一周时间当中，该股开始下跌，直到跌到 5 美元。如果交易者当时认真分析其成交量，就会发现见顶的征兆，特别是结合其他信号来分析，则会进一步确认成交量给出的见顶警示了。

> 威科夫方法在研究成交量方面有独到之处，可以对江恩的成交量理论进行有益的补充。

> 见到天量的时候，交易者一定要结合舆情和席位等数据分析一下到底是谁在买、谁在卖。

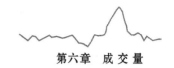

1929~1932 年克莱斯勒的价量走势

该股在 1928 年 10 月见顶后出现了一波恐慌性下跌，直到指数处在熊市的第一阶段结束时才企稳，也就是 1929 年 11 月 16 日当周才止跌。这期间的累计成交量为 2253.3 万股，**相当于流通股换手了 5 次**。

从 1929 年 11 月 16 日当周到 1930 年 4 月，该股出现了一波反弹，见到高点 43 美元。其间，该股上涨了 17 美元，总成交量为 391.6 万股，**相当于流通股换手了 1 次**。

接下来，该股从 1930 年 4 月的高点跌到了 5 美元，累计成交量为 1481.4422 万股，见顶时间为 1932 年 6 月 4 日当周。其间成交量很大，从 1929 年 10 月 6 日当周高点 140.5 美元到 1932 年 6 月的低点 5 美元，累计成交了 41263622 股，相当于流通股换手了差不多 10 次。

比较 1929~1935 年两波走势的价量走势

在 1929~1935 年这段时间内，克莱斯勒有一段走势是从 88 美元跌到了 5 美元，另外一段走势是从 5 美元涨到了 88 美元，比较这两段走势的成交量非常有意思。

克莱斯勒从 88 美元跌到 5 美元，也就是从 1929 年 5 月 11 日当周跌到了 1932 年 6 月 4 日当周，分析这段时间的累计成交量非常有价值。我们要将这段走势与该股从 5 美元上涨到重新站上 88.75 美元的一段走势进行比较。具体来讲，就是与 1932 年 6 月 4 日当周到 1935 年 10 月的走势进行比较。

1929 年 5 月 11 日当周，克莱斯勒的股价跌破了 88 美元，直到 1932 年 6 月跌到 5 美元为止，其间再也未能向上突破 88 美元这个高点。这波下跌中的总成交量为 25154622 股。

1932 年 6 月 4 日当周到 1935 年 10 月，该股从 5 美元开始上涨，重返 88.75 美元，其间的总成交量为 3062.82 万股。这个数字比 1929 年 5 月到 1932 年 6 月出现的幅度相同的下跌走势中的成交量要多出 550 万股。

现代行为金融学的研究表明，上涨过程中比下跌过程中的成交量更大，主要原因是"倾向效应"导致的。也就是说，在面对浮盈时，人倾向于及时兑现；在面对浮亏时，人倾向于死守头寸。

通常情况下，股票在上涨过程中的成交量要比下跌过程中的成交量大。 原因在于上涨过程中存在更多的洗盘和对倒等操纵行为。在克莱斯勒这个例子当中，涨跌幅度相同的情况下，上涨仅仅比下跌的成交量多出 550 万股，这表明证券监管新法规出台以后，主力的操纵行为下降了，因此使得上涨过程中的成交量下降了。

需要特别注意的是从 1932 年 6 月 4 日当周到 1933 年 3 月的这段走势，当时克莱斯勒从 5 美元上涨到了 22 美元，接着回调，3 月当月该股已经跌到了 7.75 美元的低点，这轮回调的成交量为 510.5 万股。如果将这段回调走势的成交量从 1932 年 6 月到 1935 年 10 月的累计成交量当中剔除，那么整个上升走势的成交量就变成了 2500 万股，与该股从 88 美元跌到 5 美元期间的累计成交量基本持平。

1933~1935 年克莱斯勒的价量走势

从 1933 年 3 月 4 日当周到 1934 年 2 月 24 日当周，克莱斯勒的股价从低点 7.75 美元上涨到了 60.375 美元，上涨幅度为 52.625 美元，累计成交量为 1521.98 万股，这个数字是其流通股份的 3 倍多。对该股这个时期走势的研究，可以帮助我们更好地研判其他股票的趋势变化时机。

这个时期的走势中有一个派发阶段。1934 年 1 月 6 日当周，该股涨到了 59.5 美元，接着回调到了 50 美元。到了 2 月 3 日当周，该股涨到了 59.375 美元。1934 年 2 月 24 日当周，该股涨到了 60.375 美元。此后该股震荡 3 周，都未能向上突破 2 月 3 日当周的高点 59.375 美元以及 1 月 6 日当周的高点 59.5 美元，这表明主力存在派发行为，沉重的抛压处在这样的区域。主力派发的区域位于 50~60.375 美元，波动幅度为 10.375 美元。**派发区域的累计成交量为 277.63 万股，超过了**

高位放量横盘震荡，主力派发迹象明显。放量不涨，凶多吉少。

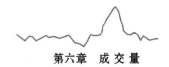

流通股份的一半。这些迹象表明，该股在经过 52.625 美元的上涨之后现在正在构筑顶部，接下来至少会出现一波急跌。

对于交易者而言，研究横盘震荡走势极具价值。当一只股票从高点出现小幅下跌之后，会出现回升，但是高点却未能超过前期高点，并且在此附近形成横盘震荡走势。主力派发经常选择这个横盘阶段进行。大众倾向于在回调的时候买入股票，因为他们认为这样盈利空间更大，成本更低，但遇上横盘震荡出货的情况就糟糕了，这时候下跌趋势已经形成了。

我们来看克莱斯勒股价走势中的例子。1934 年 3 月 3 日当周到 4 月 28 日当周，该股的价格在 49.25~56 美元之间波动，总成交量为 122.58 万股。该股是从 60 美元跌到这一震荡区间的，如果加上此前顶部派发的成交量，那么总计 400.21 万股。从 60 美元附近到 50 美元附近，主力在 10 美元的区域内进行派发，流通股也几乎完全换手了一次。在股价大涨 50 美元之后，该股在 10 美元的幅度之内完成了一次充分的换手，意味着主力已经完全派发完毕，下跌趋势就在眼前。

另外还有一个有价值的特征，**前面这波上涨持续了 51 周，上涨幅度为 52.625 美元，因此面临一个 1 年周期节点**。我的市场法则之一是要留意极端低点或者极端高点出现后一年的时点，价格趋势是否会变盘。

在横盘震荡结束后，克莱斯勒的股价出现盘破位下跌。从 1934 年 2 月到 8 月，该股经历了下跌趋势。具体来讲，从 1934 年 2 月 24 日当周到 8 月 11 日当周，该股从 60.375 美元跌到了 29.25 美元，下跌幅度为 31.125 美元。其间的总成交量为 303.39 万股，流通股的 3/4 在本轮下跌中完成了换手。下跌后期出现缩量迹象，意味着抛压显著减轻，股价即将见底，至少会出现一波显著的反弹。

除了研究周度交易量之外，交易者还要注意一点：**29.25 美元差不多是 60.375 美元的 50%**。

该股从 1934 年 8 月到 1935 年 11 月处于持续上涨趋势之

江恩在前面给出了 4 条成交量研判法则，这里的情况符合第几条？

0.5 回撤点位是许多市场理论的关键点位，一些实战派大家也非常注重这一点位，如期货趋势交易大家斯坦利·克罗和杰克·史瓦格。

中。具体来讲，该股从 1934 年 8 月 11 日当周低点 29.25 美元，上涨到了 1935 年 2 月当周高点 42.5 美元。其间的成交量为 219.65 万股，放量程度较小。

随后，股价掉头回调，于 **1934 年 3 月 16 日当周见到低点 31 美元，比 1934 年 8 月的低点略微高一些**。这波下跌持续了 3 周时间，从 42.5 美元开始下跌，跌幅为 11.5 美元，其间成交量萎缩，总计 28.66 万股。**低点抬升，加上成交量萎缩，意味着上行趋势确认。**需要特别强调的一点是，该股在 3 周下跌后并未继续下跌。

中级回调完成后，长期上涨拉开了序幕。从 1935 年 3 月 16 日当周到 12 月 28 日当周，该股从低点 31 美元上涨到了 93.875 美元的高点，涨幅为 62.875 美元，总成交量为 672.5 万股，大概是总流通股数目的 1.5 倍。

从 1934 年 8 月低点 29.25 美元到 1935 年 12 月的高点 93.875 美元，涨幅为 64.625 美元，累计成交量为 892.1 万股，相当于流通股换手两次。

我们重点分析一下该股从 1933 年 3 月的低点 7.75 美元到 1935 年 12 月的高点 93.875 美元的走势，这是一波长时间上涨的行情，涨幅为 86.125 美元，总成交量为 2715.7 万股，相当于流通股换手了 6 次多。

当该股接近 1935 年 3 月的低点时，周度成交量为 7.5 万股左右，此后进一步萎缩到 4.6 万股。到了 4 月 27 日当周，周度成交量升至 23.5 万股。此后，股价一路上行，从 8 月 31 日当周开始，周度成交量依次为 22.9 万股、23.3 万股、25.4 万、14.9 万股、22.3 万股和 20.9 万股。到了 10 月 19 日当周，成交量为 20.6 万股。

到了 10 月 26 日当周，股价升至 88.75 美元，周度成交量为 25.6 万股。12 月 14 日当周，成交量为 24.2 万股。12 月 21 日当周，成交量为 25 万股。12 月 28 日当周，该股涨到了 93.875 美元的高点，周度成交量为 23.1 万股。

从上述数据可以看出，**当股价从低点 69 美元附近快速回升到高点 93.875 美元时，放量的速度也非常快。**

股票的周度或者月度成交量走势图可以清晰地表明股价的强弱，可以看出多头还是空头在主导市场。基于走势图，交易者能够判断出上涨究竟是买盘增加导致的，还是卖盘减少导致的，是价涨量增还是价涨量缩，从而判断出趋势所在。

一个实用的交易策略

牛市最后一波上涨或者最后一个阶段是直线飙升的行情，其间回调的幅度非常小，这个时候最适合采用金字塔顺势加码法。

——W.D.江恩

一个能够持续盈利的交易策略，不仅要在理论上经得起推敲，也要经得起实践的检验。数年前，我亲自创造了一个实用有效的交易策略，经过躬身实践之后，又在1932年对这套方法进行了彻底的完善和改进。现在，我就抛砖引玉，将这一有价值的策略展示给大家，希望你们也能够从中获益。

使用这一策略时，交易者可以基于周度高低点走势图。从周度高低点走势图中，交易者可以直观地看到每周的高点和低点，这是研判趋势最有效的工具之一。

当然，**如果股票波动率较大，交投异常活跃，则你也可以采用日度高低点走势图。**同样的策略可以用在周度高低点走势图上，用来判断趋势的变化、交易点位以及设置止损单。

在本章，我不仅会呈现策略本身，还会提供一个长达10年的交易实例来佐证这套策略，向你证明这一策略可以为你带来丰厚的利润。

规则 1 成功交易所需要的本金

无论是成功经营一门生意，还是要想成功地进行股票投机，首先需要搞清楚的一

个问题就是需要多少启动资金，以及继续交易下去需要追加多少资金。如果你每次交易 100 股的话，从稳健的角度来讲需要 3000 美元的本金。在这个前提下，如果你按照我的交易策略来操作这笔资金的话，那么是可以赚到钱的。补充一点，如果你每次交易 10 股的话，则需要 300 美元的本金。

记住，**任何一笔交易动用的资金都不能超过你的本金的 1/10**。如果交易者在 2~3 次的交易中赔了钱，那么就要降低每笔交易所能动用的资金，只动用本金的 1/10 来交易。

当你赚到 3000 美元，使得本金增加到了 6000 美元的时候，你可以将每次交易的额度提高到 200 股。不过，**随着本金数目增加，交易的规模增加的比例要低于本金增加的比例**。

对于交易者而言，本金的整体安全是最为重要的原则。当你大赚一笔之后，需要提取一些储备金，用来对付意外事件。你可以将储备金存入银行，也可以购买优先受偿的债券或者国债来获取利息收益。

规则 2　始终使用止损单

交易者要始终记得为每笔交易设置止损单。止损单设置的点位与买入或者做空点位相差 1~3 个点。无论一只股票的价格有多高，你首次交易该股时所承担的风险也不要超过 5 个点，或者说买卖 100 股所承担的风险不要超过 500 美元。

设置止损单存在一条法则：设置距离买入价或者做空价 3 个点的止损单是最保险的做法。因为这一幅度的止损单可以很好地过滤掉市场波动的噪声，一旦持仓方向符合趋势，则这样幅度的止损单被触发的概率非常小。

长期上涨之后，如果股价加速攀升，交易者持有丰厚的浮盈，这个时候可以将止损单放置在每日最高价下方 5 个点的位置，或者是每日最低价或者收盘价下方 1~3 个点的位置

本段讲述大幅飙升后的高价股如何设置跟进止损单。

上。如果股价非常高，那么可以将止损单放置在每日最高价下方 10 个点的位置。

如果你刚刚进入股市，那么任何一笔交易都不要承受超过 10 个点幅度的亏损。5 个点就是你能够承受的最大亏损幅度了。如果可能的话，你应该将风险控制在 2~3 个点的幅度之内。

当股价上行时，交易者做多，跟进止损单可以放置在每周低点之下 1~5 个点的位置，以便保护盈利；当股价下行时，交易者做空，跟进止损单可以放置在每周高点之上 1~5 个点的位置。

规则 3　确定买入点的方法

比较好的买点是股价出现双重底或者三重底的时候，在底部买入，同时在底部低点下方 1~3 个点设置初始止损单。

如果某只股票在某给低点处横盘整理了 1~3 周，甚至更长的时间，交易者可以考虑买进，同时在股价震荡期间的最低点下方 1 到 3 个点设置初始止损单。

如果某只股票向上突破了前期高点 1~3 个点的时候，交易者可以考虑买入。**在大多数情况下，股价向上突破前期高点超过 3 个点后，进场买入的可靠性更高，因为这个时候向上趋势更加明确了。**

当股价向上突破前期高点超过 3 个点之后，就不能回调跌破前期高点超过 3 个点。例如，某只股票的前期高点是 50 美元，而现在涨到了 53 美元，接下来的回调如果跌回到 47 美元，则表明上升趋势被证伪了。因此，如果该股回调低点在 48 美元到 51 美元之间，则意味着交易者可以买入了，初始止损单设置在 47 美元附近，也就是前期高点下方 3 个点的位置上。

江恩倾向于采用 3 个点或者 5 个点的停损幅度。1 个点相当于 1 美元。早期的江恩倾向于 3 个点的停损幅度，晚年的江恩则倾向于 5 个点的停损幅度。不过，百分比停损可能更适合 A 股市场。

当某只股票刷新高点，也就是突破历史最高点，则表明进一步上涨的空间被打开了，这是一个非常安全的买入点。突破历史最高点之后的回调幅度很小，在历史最高点上方或者稍微低一点的位置就企稳了，则表明突破有效，交易者可以大胆买入。

在牛市中，如果股价仅仅回调了2~3周就出现了企稳迹象，则可以在回调末期的两三天时间内买入，这个买入时机也是非常安全的。

规则4 确定做空点的方法

比较好的做空点是股价出现双重顶或者三重顶的时候，在顶部做空，同时在顶部高点上方1~3个点设置初始止损单。

当前期低点被跌破时，就可以考虑做空了。在前期低点上方1~3个的位置设置初始止损单。等待股价跌到低点下方超过3个点的位置再做空，是更加安全的做空时机。以市价成交做空或者等待小幅反弹后以限价单做空，初始止损单放置在前期低点上方3个点的位置。

当股价创新低的时候，交易者就可以开始做空了，初始止损单设置在前一周高点之上1个点的位置。当股价跌到历史低点或者前期低点时，要留意空头回补和做多的信号。

通常情况下，熊市中的反弹只能维持两三周时间，因此在反弹持续两三周时做空是比较安全的，初始止损单放置在前一周高点上方3个点的位置。

交易者需要观察股票前几年的低点，当股票跌破这类低点超过3个点时，进场做空是比较安全的，特别是当股票反弹到前期低点附近的位置，这就进一步确认了跌破有效。这种情况下，交易者可以大胆进场做空。

现在的金融市场，真正有效的突破都不会给交易者太多时间窗口去确认的。

规则 5　金字塔顺势加码法

交易者应该学会如何使用金字塔顺势加码法，知道何时采用这一方法也是非常重要的。当股价处于较低水平时，比如在 20~50 美元之间时，如果你的保证金足够，则每隔 5 个点买入或者做空加码一次。也就是说，当你前一笔交易获得了 5 个点的利润时，你就可以加码了。当然，不要忘记了同时要设置止损单。这样即便市场趋势发生变化，你也能够全身而退。**有了止损单，无论你是做多还是做空，都不会出现任何重大的失误和亏损。**

如果股价处于较高水平时，比如 80~100 美元，交易者应该每隔 10 个点加码一次。当你前一笔交易获得了 10 个点的利润时，你就可以加码了。**如果你第四次或者第五次进行加码，则应该开始减少每次的加码数额了。**

举例来说，如果底仓买入了 100 股，然后每涨 5 个点，你就加码买入 100 股。当持有头寸累计到 500 股时，就可以减少每次加码的数目了。此后，交易者应该在每上涨 5 个点或者 10 个点时买入 50 股。如果你最初的交易量为 200 股，之后又加码了 4~5 次，则接下来的加码数量就应该降至 100 股。在做空的时候，思路类似，方向相反。

只要你能够捕捉到大的趋势，就能够通过加码获得丰厚的收益。除非第一笔交易证明你的判断是正确的，否则不要在上面加码操作。

持有的头寸亏损时，不要通过加码摊平亏损，这是交易者最容易犯的错误，也是危害最大的错误。

投机的圈子当中，加码被谈得最多，但是落实到实践中的人却最少。

规则 6   反手操作的时机

> 多头平仓与空头建立之间最好有一个缓冲带。同样，空头平仓与多头建立之间也最好有一个缓冲带。

所谓的反手操作（Reverse Position），我的具体意思是当交易者采用金字塔加码策略做到后，趋势改变了，这个时候就需要多翻空。我们来看一个例子。

某只股票涨到了 75 美元附近，这个点位是前期的高点。股价在这一点位附近徘徊 1~2 周，抛压沉重，见顶迹象明显。交易者应该卖出，同时做空，这就是多翻空了。做空的初始止损单可以设置在 78 美元，也即是前期高点之上 3 个点的位置。

此后，如果这张止损单被触发了，也就是空头回补了，则你应该再度进场买入，这就是空翻多。无论如何，交易者应该顺势而为，及时调整自己的头寸方向，与趋势保持一致。

在下跌趋势中你也应该遵循相同的法则，当空头回补时，趋势转而向上，你应该买入做多。本书后面将呈现操作克莱斯勒股票的案例，可以佐证这里的法则。

规则 7   成交量

只要你按照我提出的成交量研判法则去分析，就能够判断得出股票见顶或者见底的时机，及时发现趋势改变的信号。

股价每一次飙升或者创新高时，相应的成交量都会放大。趋势向下时，股价第一波下跌后会出现一波中级反弹，其成交量应该小于最后一个高点的成交量。

长期下跌之后，成交量显著萎缩，则意味着抛盘衰竭，下跌趋势临近结束。

恐慌性暴跌后股市见底时成交量通常都非常大，见底后第一波上涨会放量，接着的中级回调会缩量。

将每只股票的成交量与其流通股数目进行比较分析，例如，通用汽车的流通盘为 4400 万股，比起奥本汽车等小盘股，要推动其股价上涨 1 个点肯定还要耗费更长的时间和更多的资金。所以，这只股票的运动速度通常都比较缓慢。克莱斯勒汽车只有不到 450 万股，相比通用汽车的 4400 万股而言，流通盘要小得多。这就是为什么从 1932 年到 1935 年期间，前者的波动幅度要比后者大很多了。

恪守法则才能赚大钱

人性打垮了绝大多数的交易者，而并非市场打垮了他们。交易者务必剔除主观臆断，不要受到情绪和偏见的干扰，不要希望而买入，也不要因为恐惧而卖出。

一个严格恪守上述交易法则的人必然会赚到丰厚的利润。把我给出的策略与法则运用到实践中去吧，你会体会到这些东西的巨大价值。当法则告诉你应该买入或者做空时，照着操作即可，直到法则告诉你应该离场了，你才平仓，兑现利润。只要交易者能够严格按照上述法则进行操作，那么成功是必然的。

> 交易策略本身的有效性要体现在实践中，有一段很长的路要走。理论和实践之间存在的鸿沟并非不可跨越，但还是需要足够的时间和反思。改进与完善并不可少，这是理论到现实的必然步骤。

实践案例：克莱斯勒汽车

为了更加清晰无误地呈现上述法则，告诉如何落地于实践当中，我将给出一个长达 10 年的交易记录（见表 7-1 至表 7-6）。买卖信号是根据克莱斯勒汽车的周度高低走势图得出

来的，买卖信号列在下列表格当中，以每个交易周的最后一个交易日代表当周，请结合附录 1 中的附图 1-7A 至附图 1-7G 理解。

起始资金为 3000 美元，每笔交易限定为 100 股，盈利增加后，逐步提升操作规模。交易开始于 1925 年 11 月 28 日当周，地点是纽约场外交易所（N.Y.Curb）。

表 7-1　1925 年在克莱斯勒上的操作

序号	1925 年	交易操作
1	11 月 18 日当周	在 46 美元买入 100 股，为了保护本金，将初始止损单设置在 43 美元。
2	12 月 12 日当周	股价涨到了 57.75 美元，上涨仅仅持续了三周，抛售出现。当周收盘价为 53.5 美元，疲态尽显。
3	12 月 19 日当周	将持有的 100 股多头头寸以 53.5 美元了结。同时，在 53.5 美元做空 100 股，初始止损单设置在 56.5 美元。
4	12 月 26 日当周	股价下跌了两周，直到 1926 年 1 月 2 日当周才企稳，随后是新年的回升行情。移动止损单到 50 美元。此后，止损单被触发，空头头寸离场。

表 7-2　1926 年在克莱斯勒上的操作（1）

序号	1926 年	交易操作
1	1 月 2 日当周	在 50 美元了结 100 股空头。然后在 50 美元买入 100 股。
2	1 月 9 日当周	股价回升到了 54.625 美元，上涨持续了两周时间。把止损单上移到 51 美元，或者本周低点下方 1 个点的位置。
3	1 月 16 日当周	在 51 美元卖出 100 股，同时在 51 美元做空 100 股。
4	1 月 23 日当周	股价见到低点 46.6 美元。
5	1 月 30 日当周	股价见到低点 46.75 美元，比 1926 年 1 月 2 日当周低点高出了 1 个点。移动空头头寸的止损单到 48 美元。此后，止损单被触发，以 48 美元回补 100 股空头。同时，在 48 美元买入 100 股，初始止损单放置在 45.5 美元。
6	2 月 6 日当周	见到高点 52.25 美元，上涨仅仅持续了 2 周，这是一个次高点，略低于前期高点 57.75 美元。这两周的低点为 48.5 美元，初始止损单上移到 48 美元。
7	2 月 20 日当周	股价触及初始止损单，100 股在 48 美元卖出。同时，在 48 美元做空 100 股。
8	2 月 27 日当周	股价跌破 46.5 美元和 44 美元的低点，这是 1925 年 11 月 28 日以来的最低点。这意味着趋势向下，交易者应该做空更多的股票。
9	3 月 6 日当周	股价回升到了 44.75 美元，仍处于前期低点之下。在 44 美元加码做空 100 股，将总共 200 股的止损单设置在 47 美元。
10	3 月 13 日当周	股价见到高点 43 美元，将 200 股空头头寸的止损单向下移动到 44 美元。
11	3 月 20 日当周	股价跌破了 3 月 6 日当周低点下方 1 个点的位置，因此在 38 美元，加码做空 100 股。
12	4 月 3 日当周	当周的低点为 28.5 美元，当周的高点是 35 美元。将止损单向下移动到 36 美元。股价在这一水平附近已经横盘整理了 4 周，从未向上突破 35.25 美元。
13	5 月 22 日当周	股价见到低点 29.25 美元。

续表

序号	1926 年	交易操作
14	5 月 29 日当周	当周仍旧在 29.25 美元附近横盘震荡，比 4 月 3 日当周的低点略高，形成双重底部。止损单下移到 32 美元，只比本周高点高出 1 个点。
15	6 月 5 日当周	股价已经在前期低点上方震荡 3 周了。止损单在 32 美元被触发，回补空头头寸 300 股。底仓 100 股获利 16 个点，第一次加码空头头寸获利 12 个点，第二次加码空头头寸获利 6 个点，总共获利 34 个点。当然，净利润还要扣除手续费和佣金。

从 1925 年 11 月 28 日到 1926 年 6 月 6 日，累计利润为 5100 美元，扣除手续费、融资利息和税费（一共大约为 300 美元），则净利润为 4800 美元，加上初始本金 3000 美元，现在的资金净值为 7800 美元。本金增加了，现在可以将每笔交易量提升到 200 股。

本金增加了 160%，但是操作规模只增加了 100%。

表 7-3 1926 年在克莱斯勒上的操作（2）

序号	1926 年	交易操作
1	6 月 5 日当周	在 32 美元买入 200 股，初始止损单设置在 29 美元。
2	7 月 24 日当周	见到高点 39 美元。
3	8 月 7 日当周	见到高点 38.25 美元。
4	8 月 14 日当周	当周高点仍旧是 38.25 美元，低点为 35.5 美元，将止损单上移到 34.5 美元。
5	8 月 28 日当周	在 34.5 美元卖出此前买入的 200 股，因为止损单被触发了。同时，在 34.5 美元做空 200 股，初始止损单设置在 37.5 美元。
6	9 月 25 日当周	当周低点为 32.625 美元。
7	10 月 2 日当周	当周高点为 35.25 美元，止损单下移到 36.25 美元。
8	10 月 9 日当周	止损单被触发，在 36.25 美元回补 200 股空头头寸，同时在该价位买入 200 股，初始止损单设置在 32 美元。
9	10 月 16 日当周	当周低点为 33 美元。
10	10 月 23 日当周	当周低点仍为 33 美元，在 9 月 25 日当周低点之上波动。成交量萎缩，整理蓄势之中。
11	12 月 11 日当周	股价放量向上突破前期低点 38.75 美元。
12	12 月 18 日当周	在 40.5 美元加码买入 200 股，股价当周升至 44.5 美元。
13	12 月 25 日当周	当周低点为 40.625 美元，400 股多头头寸的止损单上移到 39.625 美元。

表7-4　1927年在克莱斯勒上的操作

序号	1927年	交易操作
1	1月29日当周	当股价跌至39.625美元时，触发跟进止损单，卖出400股。同时，在39.625美元做空200股。股价跌到了38.25美元，然后快速回升到前期高点38.75之上。在39美元回补200股空头头寸，同时在39美元买入200股。
2	3月19日当周	股价在43.5美元见顶，这是第四度触及这一高点。股价未能突破1926年12月18日当周的高点44.25美元，这表明抛压沉重。因此，在43美元卖出此前买入的200股。同时，在43美元做空200股，初始止损单设置在43美元。
3	3月26日当周	股价跌到了38.5美元，与前期高点38.75美元构成双重底部。在39美元回补200股空头头寸。同时，在39美元做多买入200股，初始止损单设置在35.75美元。
4	4月16日当周	股价向上突破了44.5美元的前期高点。通常这是进一步上涨空间被打开的信号，但实际上只见到了46美元，未能突破44.5美元达到3个点。将止损单上移到41.5美元，也就是比44.5美元低3个点的位置。止损单并未被触发。
5	5月14日当周	股价向上突破了46美元，进一步走高的迹象明显。在46.5美元加码买入200股。
6	6月11日当周	当周高点为51.625美元。需要注意的是，1926年2月6日当周的高点为52.25美元。上移止损单到46.625美元，也就是高点下方5个点的位置。
7	6月25日当周	触及跟进止损单，在46.65美元卖出此前买入的400股。同时，以46.625美元做空200股。
8	7月2日当周	股价跌到了44.5美元，这是1926年12月18日当周的高点。在45美元回补200股空头头寸。同时，在45美元买入200股做多，初始止损单设置在41.5美元。
9	7月30日当周	股价向上突破6月11日当周的高点，在53美元加码买入200股。
10	8月6日当周	当周低点为52.25美元。
11	8月13日当周	当周低点为52美元，将400股多头头寸的初始止损单上移到51美元。
12	8月27日当周	股价刷新高点，向上突破1925年的高点时在59美元加码买入100股。
13	9月3日当周	当周高点为62.25美元。
14	9月10日当周	当周高点为62.25美元。
15	9月17日当周	高点仍为62.25美元，不过成交量显著放大，抛压沉重的迹象明显。随后，股价跌破此前两周的低点，这是走势疲软的特征。在59美元将持有的500股卖出。同时，在59美元做空200股，初始止损单设置在63.5美元。
16	10月22日当周	当周低点为51.25美元。
17	10月29日当周	当周低点仍为51.25美元。
18	11月5日当周	当周低点在51.5美元，回到了前期高点之上，同时比另外一个前期高点低了11.25美元。成交量萎缩，低点构筑完成，这是绝佳的买入机会。在53美元回补200股空头头寸。同时，在53美元买入200股，初始止损单设置在49美元。
19	12月24日当周	股价涨到了63.5美元。接下来两周的高点都是63美元，当股价不能突破1927年9月的高点62.25美元超过3个点时，表明抛压沉重。
20	12月31日当周	当周低点为61美元，止损单上移上调60美元。

表 7-5　1928 年在克莱斯勒上的操作（1）

序号	1928 年	交易操作
1	1 月 7 日当周	在 60 美元将 200 股卖出。同时，在 60 美元做空 200 股。
2	1 月 21 日当周	股价跌到了 54.625 美元。需要注意的是，1927 年 12 月 10 日当周的低点为 55.125 美元，股价仍在前期高点 52 美元的上方。下跌仅仅持续了 3 周时间。本周收盘价为 58 美元，意味着股价即将开始上涨。
3	1 月 28 日当周	在 58 美元回补 200 股空头头寸。

1925 年 11 月 28 日到 1926 年 6 月 6 日，净利润为 4800 美元，从 1926 年 6 月 6 日到 1928 年 1 月 28 日的净利润为 11350 美元，总计净利润为 16150 美元。

以 16150 美元的本金继续操作

现在我们有 16150 美元的盈利兑现了，就应该收回此前投入的 3000 美元本金，以利润为本金进行操作。每笔交易规模也可以提升到 400 股，每交易 100 股可以利用的资金为 4000 美元。在任何一笔交易中不能冒 5 个点以上的风险，如果我们损失了 10% 的本金，就要减少每次交易的头寸规模。

表 7-6　1928 年在克莱斯勒上的操作（2）

序号	1928 年	交易操作
1	1 月 28 日当周	在 58 美元买入 400 股，初始止损单设置在 54 美元。
2	2 月 18 日当周	当周低点在 57 美元。
3	2 月 25 日当周	当周低点在 57 美元。
4	3 月 3 日当周	当周低点仍旧在 57 美元。初始止损单上移到 56 美元。
5	3 月 17 日当周	股价涨到了 63.625 美元，这个价位比前期高点高出 3 个点，进一步上涨的空间打开了。
6	3 月 24 日当周	在 63.5 美元加码买入 400 股。注意前两周的低点为 62.25 美元，因此将 800 股多头头寸的止损单上移到 60.5 美元。
7	3 月 31 日当周	当周高点为 73 美元。
8	4 月 14 日当周	当周高点为 73 美元。
9	4 月 21 日当周	当周高点为 73.5 美元，低点为 70 美元。将 800 股多头头寸的止损单上移到 67 美元，也就是低点下方 3 个点的地方。
10	4 月 28 日当周	当周高点为 73.25 美元，止损单未被触发。
11	5 月 5 日当周	股价向上突破 73 美元的高点，预示着股价将进一步上涨。

续表

序号	1928 年	交易操作
12	5 月 12 日当周	在 76 美元加码买入 400 股。将 1200 股多头寸的止损单上移到 71 美元。
13	6 月 2 日当周	股价从 77.5 美元快速上涨到 88.5 美元，刷新高点，成交量也相应放大。将止损单上移到 88.5 美元下方 5 个点的位置。
14	6 月 9 日当周	股价触及跟进止损单，在 83.5 美元卖出 1200 股。同时，在 83.5 美元做空 400 股。本周的高点为 85.5 美元，将初始止损单放置在 88.5 美元的位置。此后，股价出现一波下跌。
15	6 月 16 日当周	在 73.5 美元，加码做空 400 股。
16	6 月 23 日当周	当周低点为 63.625 美元。股价只下跌了 3 周，且成交量在下跌最后一周出现地量。1927 年 12 月 24 日当周的高点是 63.5 美元，这是一个买入点，应该回补空头，同时买入。在 65 美元回补 800 股空头头寸，同时在 65 美元买入 400 股，初始止损单设置在 60.5 美元，或者是早期高点下方 3 个点的位置。
17	7 月 14 日当周	股价回升到了 76.25 美元，涨势持续了 3 周时间。
18	7 月 21 日当周	股价下跌了一周，跌至 69.25 美元。随后，重回涨势。将 400 股多头头寸的止损单上移到 68.25 美元。
19	7 月 28 日当周	在 77 美元加码买入 400 股，将总计 800 股多头头寸的止损单上移到 72 美元。此后，股价快速上涨。
20	8 月 11 日当周	股价向上突破了前期高点 88.5 美元，打开了进一步上涨的空间。在 91.5 美元加码买入 400 股，将 1200 股多头头寸的止损单上移到 86.5 美元。
21	8 月 25 日当周	股价涨到了 100 美元。
22	9 月 1 日当周	股价回调到了 95.5 美元，接着恢复上涨，向上突破了 100 美元。在 101 美元加码买入 400 股，将 1600 股多头头寸的止损单上移到 94.5 美元，也就是比本周低点低 1 个点的地方。
23	9 月 22 日当周	当周低点为 105 美元，当周高点为 112 美元。本周最终以 110 美元收盘。将 1600 股多头头寸的止损单上移到 104 美元，也即是本周低点下方 1 个点的位置。现在浮盈已经非常可观了，但是趋势仍旧向上，因此我们不应该卖出。等待股价跌破最近一周的低点下方 1 个点的位置时才卖出，或者是从高点回落达到 10 个点才卖出。当股价从高处下跌 10 个点时，意味着趋势已经发生了变化。我们可以继续顺势加码买入，不过规模要减半。也就是说每上涨 10 个点，加码买入 200 股，而不是 400 股。
24	9 月 29 日当周	在 113 美元，加码买入 200 股，本周低点在 109.25 美元，将 1800 股的止损单上移到 108.25 美元。
25	10 月 6 日当周	股价快速上涨，依次在 123 美元和 133 美元各加码买入 200 股。股价涨到了 140.5 美元的极端高点，成交量也刷新了纪录。当周成交量为 174.1 万股，几乎是流通盘的 1/2。特别此前一周的成交量就超过了 100 万股，这是明确见顶的信号。本周的收盘价在 138.75 美元。将 2200 股的止损单上移到 133.75 美元，也就是在当周收盘价下方 5 个点。
26	10 月 13 日当周	股价回落，触及跟进止损单，在 133.75 美元卖出 2200 股。

　　从 1928 年 1 月 28 日到 1928 年 10 月 13 日，收益为 126200 美元，手续费、利息和税费共计 2100 美元，净利润为 124100 美元。加上 1925 年 11 月 28 日到 1928 年 1 月 28 日的净利润 16150 美元，现在累计净盈利 140250 美元。现在你应该将 40250 美元提取出来存入银行账户，用 10 万美元继续交易，每次交易的头寸规模可以提高到 1000 股。

以 10 万美元为本金操作熊市行情

表 7-7 1928 年在克莱斯勒上的操作（3）

序号	1928 年	交易操作
1	10 月 13 日当周	在 133.75 美元做空 1000 股，将初始止损单设置在 141.5 美元。股价跌到 130 美元，将止损单下移到 135 美元，比本周低点高出 5 个点。
2	10 月 20 日当周	在 135 美元回补空头头寸，同时在 135 美元买入 1000 股，止损单设置在 129 美元。股价回升到了 139.25 美元，接近前期高点 140.5 美元，卖出持有的 1000 股。同时，在 138 美元做空 1000 股。
3	11 月 3 日当周	当周低点为 121.35 美元，这是下跌的第四周，收盘价为 123.5 美元。将止损单设置在 126.5 美元。
4	11 月 10 日当周	在 126.5 美元回补 1000 股空头头寸。在 126.5 美元买入 1000 股。
5	11 月 17 日当周	股价升至 135.75 美元。当周收盘价为 131.5 美元，将止损单上移到 130.75 美元，也就是高点下方 5 个点位置。
6	11 月 24 日当周	在 130.75 美元卖出持有的 1000 股。同时，在 130.75 美元做空 1000 股。股价跌到 123.25 美元，比 11 月 3 日当周的低点略高一些。止损单设置在 128.25 美元。
7	12 月 1 日当周	在 128.25 美元回补 1000 股的空头头寸。同时，在 128.25 美元买入 1000 股。
8	12 月 8 日当周	股价上涨到了 137.5 美元，接近前期高点。在 135 美元卖出持有的 1000 股。同时，在 135 美元做空 1000 股。
9	12 月 15 日当周	在 125 美元加码做空 1000 股。股价跌至 112 美元，当周收盘价为 116.5 美元，比前一周要高一些，股价急跌了两周。
10	12 月 22 日当周	在 117 美元回补空头头寸 2000 股，同时在 117 美元买入 1000 股。

表 7-8 1929 年在克莱斯勒上的操作

序号	1929 年	交易操作
1	1 月 5 日当周	股价上涨到了 135 美元，这是一个次高点。在 131 美元，将持有的 1000 股卖出。同时，在 131 美元，做空 1000 股。此后，股价大幅下跌，趋势转而向下。
2	1 月 26 日当周	在 121 美元加码做空 1000 股，将止损单设置在 124 美元。
3	2 月 2 日当周	当股价跌破 1928 年 12 月 15 日当周的低点 112 美元之后，在 111 美元加码做空 1000 股。
4	2 月 16 日当周	当周低点为 98.75 美元，收盘价也是 98.75 美元。
5	2 月 23 日当周	当周开盘价为 98 美元，低点为 97.5 美元。将止损单下移到 102.5 美元，也就是低点上方 5 个点的位置。在 102.5 美元回补空头头寸 1000 股。同时，在 102.5 美元买入 1000 股做多。

序号	1929 年	交易操作
6	3 月 9 日当周	在 112 美元卖出持有的 1000 股，这个点位曾经是 1928 年 12 月 15 日当周构筑的低点。同时，在 112 美元做空 1000 股，将初始止损单设置在 115 美元。这波反弹的高点是 114.25 美元。最近 3 周的高点在 114 美元附近。
7	3 月 30 日当周	股价跌破了前 2 周的低点 106 美元，加码做空的机会出现了。在 105 美元加码做空 1000 股，将总共 2000 股的止损单设置在 110 美元。在 97 美元再度加码做空 1000 股，将 3000 股的止损单设置在 102 美元。
8	4 月 20 日当周	当周低点是 87.75 美元。需要注意的是，1928 年 6 月 2 日当周的高点为 88.5 美元。在 89 美元回补空头头寸 3000 股。同时，在 89 美元买入 1000 股做多，初始止损单设置在 86 美元。
9	4 月 27 日当周	股价回升到了 96.25 美元，未能向上突破 98.5 美元的高点，走势转弱的征兆。
10	5 月 4 日当周	在 91.5 美元卖出持有的 1000 股。同时，在 91.5 美元做空 1000 股。
11	5 月 18 日当周	在 85 美元，加码做空 1000 股。
12	5 月 25 日当周	在 75 美元，加码做空 1000 股。
13	6 月 1 日当周	当周低点为 66 美元。1928 年 6 月 23 日当周的低点为 63.625 美元。一年之后，低点有所抬高。上行趋势明显，该股在这个点位下方存在有力支撑。当周收盘价为 69.5 美元。将止损单移动到 71 美元，也就是比本周低点高 5 个点的价位。
14	6 月 8 日当周	在 71 美元，回补空头头寸 3000 股。同时，在 71 美元买入 1000 股。
15	7 月 6 日当周	股价回升到了 79.75 美元。
16	7 月 13 日当周	当周高点与上周相同，将止损单设置在 73 美元，或者是上周低点下方 1 个点的地方。不久，股价触发止损单，在 73 美元卖出持有的 1000 股。同时，在 73 美元做空 1000 股。
17	7 月 27 日当周	当周低点是 68 美元，比 6 月 1 日当周的低点高出 2 个点。我们可以在周六按照市价回补空头，也可以将止损单设置在 72 美元处。
18	8 月 3 日当周	在 72 美元回补空头头寸 1000 股。同时，在 72 美元买入 1000 股。
19	8 月 10 日当周	当周高点是 76.5 美元。股价随后跌至 70 美元。
20	9 月 7 日当周	当周高点是 74.5 美元，高点下移，疲态尽显。个股普遍下跌，恐慌蔓延整个股市。
21	9 月 14 日当周	股价跌破 3 周的最低点 71 美元。在 70.5 美元卖出持有的 1000 股。同时，在 70.5 美元做空 1000 股。
22	10 月 5 日当周	在 62 美元加码做空 1000 股。
23	11 月 2 日当周	在 51 美元加码做空 1000 股。
24	11 月 9 日当周	在 41 美元加码做空 1000 股。当价格继续跌至 35 美元时，继续加码做空 500 股。需要注意的是，1926 年 4 月 3 日当周的极端低点为 28.5 美元，这是一个潜在的做空盈利目标点位。
25	11 月 16 日当周	当周低点为 26 美元。在 28 美元回补空头头寸 4500 股。在 28 美元买入 1000 股做多，将止损单设置在 25.5 美元，也就是 28.5 点下方 3 个点的位置。
26	11 月 23 日当周	在 33 美元加码买入 1000 股。

表 7-9　1930 年在克莱斯勒上的操作（1）

序号	1930 年	交易操作
1	2 月 8 日当周	当周的高点为 41.75 美元。
2	2 月 22 日当周	股价跌至 36.75 美元。将 2000 股的止损单上移到 35.75 美元。
3	4 月 12 日当周	当周高点为 43 美元。
4	4 月 19 日当周	当周低点为 39 美元。将止损单上移到 38 美元。
5	4 月 26 日当周	在 38 美元卖出持有的 2000 股。同时，在 38 美元做空 1000 股，将初始止损单设置在 44 美元。
6	5 月 10 日当周	当周低点为 30.5 美元，这是 4 周下跌的尾声阶段。当周高点为 33 美元，将止损单下移到 34 美元。
7	5 月 17 日当周	在 34 美元回补空头 1000 股。同时，在 34 美元买入 1000 股。
8	5 月 31 日当周	当周高点为 37.875 美元，恰好在前期低点之下，抛压沉重。当周低点为 36.25 美元，将止损单设置在 35.25 美元。
9	6 月 7 日当周	在 35.25 美元卖出持有的 1000 股。同时，在 35.25 美元做空 1000 股。
10	6 月 28 日当周	在 30 美元加码做空 1000 股。当周低点为 24 美元，此后反弹不过 26 美元。但是，跌至低点后成交量萎缩，意味着底部临近。
11	7 月 5 日当周	在 27 美元回补 2000 股空头头寸。同时，在 27 美元买入 2000 股。
12	7 月 19 日当周	当周高点为 32.5 美元。
13	7 月 26 日当周	当周高点仍旧为 32.5 美元。
14	8 月 2 日当周	当周高点为 31.5 美元，当周低点为 29 美元。移动止损单到 28 美元。
15	8 月 9 日当周	在 28 美元，将持有的 1000 股卖出。同时，在 28 美元做空 1000 股，初始止损单设置在 33 美元。
16	9 月 27 日当周	当股价跌破 24 美元的低点之后，在 23 美元加码做空 500 股。
17	11 月 8 日当周	当周低点在 14.5 美元，当周高点在 16.25 美元。将 1500 股的止损单向下移动到 17.25 美元。恰好与大恐慌暴跌距离一周年，变盘节点出现。
18	11 月 15 日当周	在 17.25 美元回补 1500 股的空头头寸。同时，在 17.25 美元买入 1000 股。
19	11 月 22 日当周	当周高点为 20.5 美元。此后两周的高点依次为 19.375 美元和 18.75 美元。
20	12 月 6 日当周	在 17.75 美元卖出持有的 1000 股。

从 1928 年 10 月 13 日到 1930 年 12 月 6 日，收益为 400850 美元，手续费、利息和税收支出总计为 22150 美元，净利润为 378700 美元。加上 1925 年 11 月 28 日到 1928 年 10 月 13 日获得的净利润 140250 美元，则累计的净利润为 518950 美元。将其中的 218950 美元提取，作为储备金，存入银行。剩下的 300000 美元作为继续交易的本金。

有了 300000 美元的本金，我们可以操作 6 只左右的活跃

江恩的这套股票交易方法要用在活跃股上才行。

股，每只股票投入5万美元，每笔交易的规模为1000股。但是，在本例中我将继续交易克莱斯勒这一只股票，同时将每笔交易规模提高到2000股。

10万美元本金继续操作克莱斯勒

表7-10　1930年在克莱斯勒上的操作（2）

序号	1930年	交易操作
1	12月6日当周	在17.75美元买入2000股。初始止损单设置在13.5美元。
2	12月20日当周	当周低点为14.25美元。

表7-11　1931年在克莱斯勒上的操作

序号	1931年	交易操作
1	2月21日当周	在20.5美元加码买入2000股。当周高点是25.75美元。在24美元，将持有的4000股卖出。同时，在24美元做空2000股，初始止损单设置在29美元。
2	4月25日当周	在19美元，加码做空2000股。
3	6月6日当周	当周低点为12.5美元。在14.5美元回补4000股空头头寸。同时，在14.5美元买入2000股。此后，股价快速回升。
4	7月4日当周	当周高点为24.75美元。
5	7月11日当周	当周高点为24.75美元。24美元是前期高点，股价未能有效突破。因此，在24美元卖出持有的2000股。同时，在24美元做空2000股，初始止损单设置在27美元。
6	7月18日当周	当周低点在18美元，此后股价反弹。
7	8月1日当周	当周高点为25.25美元。
8	8月8日当周	当周高点为25.25美元。
9	8月15日当周	当周高点为25美元，这表明抛压沉重，做空机会出现。继续持有24美元做空的空头，做空的止损单维持在27美元。
10	9月5日当周	在19美元加码做空2000股。
11	10月3日当周	当周低点为12美元。
12	10月10日当周	当周低点还是在12美元。这个低点只比6月6日的低点低了0.5美元。这个低点可以空翻多。在13美元回补4000股空头头寸。同时，在13美元买入2000股，将止损单设置在11美元。
13	11月14日当周	当周高点为18美元，低点为16美元。将止损单上移到15美元。
14	11月21日当周	股价回落触及15美元，卖出持有的2000股。同时，在15美元做空2000股。
15	12月19日当周	当周低点在12美元，这是一个空头出场的目标点位。在12.5美元回补2000股空头头寸。同时，在12.5美元买入2000股，初始止损单设置在11美元。

表 7-12　1932 年在克莱斯勒上的操作（1）

序号	1932 年	交易操作
1	1 月 16 日当周	当周的高点为 16.75 美元，涨势疲弱。
2	2 月 13 日当周	当周低点为 10.5 美元。股价触及止损单，在 11 美元，将持有的 2000 股卖出。
3	2 月 20 日当周 2 月 27 日当周 3 月 5 日当周	三周的高点都是 13 美元。
4	3 月 12 日当周	当周的高点为 13 美元。在 12.5 美元做空 2000 股。
5	6 月 4 日当周	当周低点为 5 美元，这个低点比前一周的低点高出 1 个点，加上成交量萎缩，见底迹象明显。当周高点为 7.25 美元。
6	7 月 2 日当周	当周低点为 5.75 美元。
7	7 月 9 日当周	当周低点为 5.625 美元，成交量仍旧处于萎缩状态，空头回补的时机到来了。在 6 美元，回补 2000 股空头头寸。

1930 年 12 月 6 日到 1932 年 7 月 9 日，总收益为 123500 美元，手续费、利息和税收支出总计 13580 美元，净利润为 109920 美元。加上 1925 年 11 月 28 日到 1930 年 12 月 6 日的净利润 518950 美元，则累计利润总额为 628870 美元。

当资本达到这样的规模之后，我们应该考虑资产组合的问题。不加杠杆的前提下买入一些低价股，30 美元以下的、20 美元以下的、10 美元以下的、5 美元以下的，另外在购买 1 万股的克莱斯勒汽车，通过这样的分散投资可以降低风险。不过，在本例中我们仍旧继续操作克莱斯勒的股票，动用的资金为 25000 美元，每笔交易量为 2000 股。

利用 2.5 万美元本金继续操作克莱斯勒

表 7-13　1932 年在克莱斯勒上的操作（2）

序号	1932 年	交易操作
1	7 月 9 日当周	在 6 美元买入 2000 股。
2	7 月 30 日当周	向上突破 10 周最高点，进一步上涨空间打开，上涨趋势进一步确立。在 8.5 美元加码买入 2000 股。
3	8 月 20 日当周	在 13.5 美元加码买入 2000 股。
4	9 月 10 日当周	在 18.5 美元加码买入 2000 股。当周高点为 21.75 美元，当周低点为 18 美元。当周收盘价为 18.75 美元。见顶迹象明显。将 8000 股多头头寸的止损单移动到 17.75 美元。

续表

序号	1932 年	交易操作
5	9 月 17 日当周	在 17.75 美元，卖出持有的 8000 股。同时，在 17.75 美元做空 2000 股。初始止损单设置在 22.5 美元，当周低点为 14.375 美元。
6	9 月 24 日当周	当周高点为 20.75 美元。
7	10 月 1 日当周	当周高点为 20.5 美元。这个高点低于前期高点，抛压沉重之象。继续持有空头头寸。
8	10 月 15 日当周	当周低点在 12 美元。
9	10 月 22 日当周	当周高点为 15.75 美元。
10	11 月 5 日当周	当周低点为 12.5 美元，一个双重底部形成了。我们应该回补空头头寸。在 13 美元，回补 2000 股空头头寸。同时，在 13 美元，买入 2000 股，初始止损单设置在 11 美元。
11	11 月 12 日当周	当周高点为 17.375 美元。
12	11 月 26 日当周	当周低点为 14 美元。
13	12 月 10 日当周	12 月 10 日当周、12 月 17 日当周，以及次年 1 月 7 日当周、1 月 14 日当周，股价持续 4 周时间在 17 美元到 17.25 美元之间窄幅整理。这个区域与 1932 年 11 月 12 日的高点基本一致，抛压沉重。我们了结多头头寸，转而做空。

表 7-14 1933 年在克莱斯勒上的操作

序号	1933 年	交易操作
1	1 月 14 日当周	在 16 美元，将持有的 2000 股卖出。同时，在 16 美元做空 2000 股。
2	3 月 4 日当周	当周低点为 7.75 美元，当周高点为 9.5 美元。7.75 美元这个低点要比 1932 年 6 月的低点稍微高一些，是一个良好的买入点位。
3	3 月 18 日当周	当周低点为 9.25 美元，当周高点为 12 美元。
4	4 月 1 日当周	当周低点为 8.75 美元，3 周以来股价持续在这一点位附近，支撑强劲。在 9.5 美元，回补空头头寸 2000 股。同时，在 9.5 美元买入 2000 股做多。一波趋势性上涨在 4 月中旬启动。
5	5 月 6 日当周	在 18 美元，加码买入 2000 股。
6	5 月 27 日当周	在 23.5 美元，加码买入 2000 股。股价向上突破前期高点。
7	6 月 17 日当周	在 28 美元，加码买入 2000 股。
8	6 月 24 日当周	在 33 美元，加码买入 2000 股。
9	7 月 22 日当周	当周开盘价为 36.5 美元，接下来涨到了 39.375 美元。跟进止损单移动到 36 美元，也就是当周高点下方 3 个点的位置。股价未能触及 1930 年 4 月的高点 43 美元，比 7 月 8 日当周的高点只高出不到 1 个点，抛压沉重，见顶迹象明显。 在 36 美元，将持有的 10000 股卖出。同时，在 36 美元做空 2000 股。 股价跌到 31 美元时，加码做空 2000 股。 随后，股价跌至 26.375 美元。此后，一直到 1935 年 12 月见到高点 93.875 美元为止，再也没有跌破 26.375 美元的低点。 需要注意的是，前期高点在 28.5 美元、24 美元和 26 美元出现过。这些点位算得上很好的空头回补目标价，也是做多的良好时机。 在 28 美元，回补空头头寸 4000 股。同时，在 28 美元买入 2000 股。多头头寸的初始止损单放置在 24 美元。

序号	1933 年	交易操作
10	8 月 12 日当周	股价向上突破前两周的高点。在 36 美元，加码买入 2000 股。
11	8 月 19 日当周	股价向上突破 7 月高点，在 41 美元加码买入 2000 股。
12	8 月 26 日当周	股价向上突破 1930 年 4 月的高点，在 45 美元加码买入 2000 股。
13	9 月 16 日当周	当周高点为 52.75 美元。这个点位临近 1927 年的低点 51.25 美元以及 1928 年的低点 54.5 美元。而 1929 年 10 月 5 日当周的低点为 52.25 美元。 当股价跌至前期重要低点附近时，应该了结多头寸。在 51 美元，将持有的 8000 股卖出。同时，在 51 美元做空 2000 股，初始止损单设定在 54 美元。 随后，股价一波暴跌。
14	9 月 23 日当周	在 46 美元加码做空 2000 股。
15	9 月 30 日当周 10 月 7 日当周 10 月 14 日当周	股价持续 3 周在 45.5 美元到 46.5 美元之间横盘整理。随后，股价下跌。向下移动止损单到 47.5 美元。
16	10 月 21 日当周	当周低点为 36.25 美元，恰巧在 1933 年 7 月高点 39.375 美元下方 3 个点的位置，这是一个买入良机。不过，应该等到市场信号确认这一买点的有效性。
17	10 月 28 日当周	当周低点为 38 美元。
18	11 月 4 日当周	当周低点为 37.375 美元，下方承接有力。在 38 美元，回补 4000 股空头头寸。同时，在 38 美元买入 2000 股，初始止损单设定在 35.5 美元。
19	11 月 11 日当周	股价向上突破过去 3 周的最高点，在 44 美元加码买入 2000 股。
20	12 月 23 日当周	股价向上突破 9 月 16 日当周的高点，在 54 美元加码买入 2000 股。

表 7-15 1934 年在克莱斯勒上的操作

序号	1934 年	交易操作
1	1 月 6 日当周	当周高点为 59.5 美元。
2	1 月 13 日当周	股价暴跌至 50 美元。
3	2 月 3 日到 24 日	高点在 59.75 美元到 60.375 美元之间，抛压沉重，股价见顶迹象明显。1929 年 10 月 19 日，该股曾经在 60.625 美元见顶。另外，这个节点恰好距离 1933 年 3 月股价见底一周年。所以，我们用该在此点位了结多头，开立空头。
4	3 月 3 日当周	在 59 美元，将持有的 6000 股卖出。同时，在 59 美元做空 2000 股。
5	3 月 10 日当周	当股价得破前 3 周的最低点时，在 53 美元加码做空 2000 股。
6	3 月 31 日当周	股价跌到了 49.125 美元，在 1 月 13 日当周低点之下，继续看跌。
7	4 月 7 日当周	股价回升到了 55.75 美元。将 4000 股空头头寸的止损单移动到 57 美元。
8	4 月 28 日当周	股价跌破前期低点，在 48 美元加码做空 2000 股。
9	5 月 12 日当周	在 43 美元加码做空 2000 股。
10	5 月 26 日当周	当周低点为 36.5 美元，与 1933 年 10 月 21 日当周的低点一致。所以，现在应该了结空头。在 37.5 美元，回补 8000 股空头头寸。同时，在 37.5 美元买入 2000 股，初始止损单设置在 35.5 美元。
11	6 月 9 日当周	当周高点为 44.25 美元。

续表

序号	1934 年	交易操作
12	6 月 16 日当周	当周高点为 44 美元，当周低点为 41.5 美元。反弹时成交量较小。我们应该将止损单上移到 40.5 美元，或者是立即以市价离场。
13	6 月 23 日当周	在 40.5 美元卖出持有的 2000 股。同时，在 40.5 美元做空 2000 股，将止损单设置在 45 美元。
14	7 月 14 日当周	股价回升到了 42.375 美元，然后又跌破了 4 周的低点 38 美元。将止损单下移到 41 美元。
15	7 月 28 日当周	股价跌破 1933 年 10 月和 1934 年 5 月的低点之后，在 35 美元加码做空 2000 股。
16	8 月 11 日当周	当周低点为 29.25 美元。1933 年 7 月 29 日当周和 8 月 5 日当周的两周最低点为 28.5 美元，因此 29.25 美元附近是一个较好的买入区域。
17	8 月 18 日当周	在 30.5 美元回补 4000 股的空头头寸。同时，在 30.5 美元买入 2000 股做多。初始止损单放置在 26 美元。
18	8 月 25 日当周	当周高点为 35.75 美元。恰好在 1933 年 10 月和 1934 年 5 月两个早期低点的下方不远处。因此，交易者现在应该了结多头头寸。
19	9 月 1 日当周	在 35 美元，将持有的 2000 股卖出。同时，在 35 美元做空 2000 股，将止损单设置在 39 美元。
20	9 月 22 日当周	当周低点为 29.375 美元，与 8 月 11 日的低点一同构成了双重底部形态。这个低点恰好在 1933 年 7 月 21 日低点上方 3 个点的位置，这也是一个空翻多的位置。 在 30.5 美元，回补空头头寸 2000 股。同时，在 30.5 美元买入 2000 股。多头头寸的初始止损单放置在 26 美元。
21	10 月 20 日当周 10 月 27 日当周 11 月 10 日当周 11 月 17 日当周	4 周的高点都在 37 美元，这个高点位于前期关键点位上方 1 个点的位置。这 4 周时间，股价仅仅是回调到了 33.5 美元，涨势可期。
22	11 月 24 日当周	股价向上突破了前期高点，在 38 美元加码买入 2000 股。
23	12 月 29 日当周	本周与 1935 年 1 月 5 日当周，以及 1 月 12 日当周，股价处于 42 美元到 42.5 美元的区间整理中。1934 年 7 月 14 日当周的高点为 42.375 美元。股价持续震荡 3 周后仍旧未能向上突破这一高点，见顶迹象明显，多头应该及时了结。

表 7-16　1935 年在克莱斯勒上的操作

序号	1935 年	交易操作
1	1 月 12 日当周	在 41 美元，将持有的 4000 股卖出。同时，在 41 美元做空 2000 股。
2	2 月 2 日当周	当周低点为 35.5 美元，这是前期的关键点位。在这样的点位应该空翻多。在 36.5 美元，回补空头头寸 2000 股。同时，在 36.5 美元，买入 2000 股。
3	2 月 23 日当周	当周高点为 42.5 美元，这是股价第三度触及这个点位，此时应该逢高做空。 在 41.5 美元将持有的 2000 股卖出。同时，在 41.5 美元做空 2000 股。
4	3 月 9 日当周	当股价跌破此前一个低点时，在 35 美元加码做空 2000 股。
5	3 月 16 日当周	当周低点为 31 美元，当周高点为 34 美元。当周低点比 1934 年 8 月和 9 月的最低点 29.25 美元高出 1.75 个点。从时间周期来看，这波回调从 2 月 23 日的高点算起，仅仅持续了 3 周，现在是一个空翻多的时机。 在 32.5 美元回补空头 4000 股。同时，在 32.5 美元买入 2000 股做多，初始止损单设置在 29 美元。

续表

序号	1935 年	交易操作
6	4 月 27 日当周	在 37.5 美元加码买入 2000 股，将止损单上移到 35 美元。
7	5 月 11 日当周	股价向上突破前期高点之后，在 43.5 美元加码买入 2000 股。
8	5 月 18 日当周	当周高点为 49.5 美元。
9	5 月 25 日当周	当周高点为 49.25 美元。1934 年 1 月 13 日当周和同年 3 月 31 日当周的低点也在 50 美元附近。当股价涨到这些关键点位时，交易者应该及时多翻空。在 48 美元，将持有的 6000 股卖出。同时，在 48 美元做空 2000 股。
10	6 月 1 日当周	当周低点为 41.5 美元，股价跌至前期高点附近，此时应该空翻多。在 42.5 美元，回补 2000 股空头头寸。同时，在 42.5 美元买入 2000 股。 股价仅仅进行了持续 2 周的回调，幅度为 8 个点。这次回调的幅度小于此前从 42.5 美元到 31 美元的回调，后者的幅度为 11.5 个点。
11	7 月 20 日当周	股价向上突破了前期的高点，在 53 美元，加码买入 2000 股。将持有的 4000 股的止损单向上移动到 49.5 美元，也就是前 2 周低点下方 1 个点的位置。
12	8 月 10 日当周	当周高点为 62.75 美元，超出 1934 年 2 月 24 日当周高点 2 个点，进一步看涨。根据我的交易法则，股价突破前期高点后如果出现回调，则回调低点不能低于前期高点超过 3 个点。因此，该股不能跌破 57 美元才能确保上涨趋势完整。
13	8 月 24 日当周	回调见到低点 57.5 美元，企稳迹象明显，将止损单上移到 57 美元。
14	9 月 7 日当周	股价超过前期高点 3 个点时，在 63 美元加码买入 2000 股。随后，在 68 美元加码买入 2000 股。
15	9 月 14 日当周	当周高点为 74 美元。
16	9 月 21 日当周	当周高点为 74.75 美元，1929 年 8 月 24 日到 9 月 14 日两周的高点也在这一点位。因此，这是一个多翻空的点位。在 73.5 美元，将持有的 8000 股卖出。同时，在 73.5 美元做空 2000 股，初始止损单设定在 75.75 美元。当周见到低点 68.5 美元。
17	10 月 5 日当周	当周高点为 74 美元，随后跌到了 69 美元，接着又回升到了 73 美元。当周收盘价为 72.5 美元。 股价在 67.5 美元到 69 美元之间横盘整理了 4 周时间，支撑显著，趋势仍旧向上。这个时候，交易者应该空翻多。
18	10 月 12 日当周	10 月 7 日，在 72.5 美元回补 2000 股空头头寸。同时，在 72.5 美元买入 2000 股，止损单设置在 68 美元。 10 月 11 日，在 76 美元加码买入 2000 股。
19	10 月 19 日当周	在 83 美元，加码买入 2000 股。
20	10 月 26 日当周	当周的高点为 88.75 美元，接着回落到了 83.5 美元，将止损单上移到 82.5 美元。
21	11 月 23 日当周	当周高点为 90 美元。1929 年 3 月 30 日到 4 月 6 日两周的低点也是 90 美元。这个点位应该多翻空。 11 月 20 日，在 89 美元将持有的 6000 股卖出。同时，在 89 美元做空 2000 股，初始止损单设定在 91 美元。
22	12 月 7 日当周	股价跌到了 80.625 美元。有一点需要注意，1929 年 7 月 6 日到 7 月 13 日两周的高点为 79.75 美元，这表明 80 美元是一个关键点位。当股价跌到这个点位时，存在支撑。这波回调持续了 3 周，当周收盘价为 83 美元，支撑良好。 在 83 美元，回补空头头寸 2000 股。同时，在 83 美元买入 2000 股，初始止损单设置在 80 美元。

续表

序号	1935 年	交易操作
23	12 月 28 日当周	12 月 23 日，股价向上突破了前期高点 90 美元。同日，在 91 美元加码买入 2000 股。止损单跟进到 87 美元。本周的高点为 93.875 美元，低点为 90.75 美元，收盘价也在低点。股价在创新高后出现这种特征是见顶的信号。
24	12 月 30 日当周	开盘价为 91.5 美元，按照市价卖出持股，同时做空。在 91.5 美元，卖出持有的 4000 股。

从 1932 年 7 月 9 日到 1935 年 12 月 30 日，累计收益为 1015000 美元，手续费、税费和税收共计 17760 美元，净利润为 997240 美元。

如果你能够恪守我所教授的这些交易法则，就能够获得上述程度客观收益。但是，我认为能够真正恪守这些交易法则的人不到千分之一。

人天性中的弱点击败大多数的交易者，即便机会经常出现，但是行动拖延的习惯也会让他们错过机会。希望和恐惧，主宰着他们的行为。

当他们亏损时，会死拿着头寸，希望有一天能够解套，而不是立即出场。当他们盈利时，会盲目地兑现，而不是在趋势改变后才离场。

无论人的天性如何，只要能够恪守我提供的这些法则，就能够在交易中实现最大化的收益。

成交量的重要性

正如交易法则 7 所言，**交易者研究极端高点和极端低点的成交量非常重要，可以从中得出趋势变化的信息。**我们还是以克莱斯勒汽车为例来说明。

极端高点往往与天量同时出现；极端低点则往往与地量或者天量同时出现。V 字底往往与天量同时出现。

在 1926 年 4 月 3 日当周，该股出现了一波暴跌，在 28.5 美元见底，当时的成交量为 29.1 万股。随后，股价回升到了 34.75 美元，成交量则萎缩到了 8.41 万股。此后 6 周，股价逐渐下跌，在 1926 年 5 月 29 日当周止跌企稳，并且在 29.25 美元见底，成交量为 8.3 万股。这个成交量与该股在 28.5 美元见到阶段性底部时的 29.1 万股成交量相去甚远。

在 1928 年 10 月 6 日当周，该股涨到了 140.5 美元。这波上涨从 63.5 美元开始，持续时间为 15 周。**见顶当周的成交量高达 174.1 万股，刷新历史纪录。**见顶前后的一段时间内，成交量持续维持在高位。

1928 年 11 月 3 日当周，第一波急速下跌将股价带到了 123.25 美元，相应的成交量为 49.1 万股。随后一周的成交量为 30.5 万股。接着股价出现了回升，于 1928 年 12 月 8 日股价见到高点 137.75 美元，当周的成交量是 134.7 万股。虽然这周有所放量，但是比不上见顶时候的成交量。股价也未能触及前期的大顶部，抛压沉重。

1928 年 12 月 15 日当周，股价跌到了 112 美元，跌幅为 25 美元。当周成交量为 89.7 万股。随后，股价下跌趋势中的最后一波展开。1929 年 1 月 5 日当周，股价升至了 135 美元，相应的成交量为 55.4 万股，意味着筹码已经从主力手中转移到散户手中，买盘乏力。

从 135 美元这个高点开始，股价经历了一波持续时间较长的下跌。1929 年 11 月 16 日当周，克莱斯勒的股价跌到了 26 美元，这一周的成交量为 28.5 万股。随后，股价回升，于 1930 年 4 月 12 日当周见到 43 美元的高点，相应的成交量为 40.9 万股。

该股在 1932 年 6 月 4 日当周跌至 5 美元，将这一周的成交量与 1928 年见到顶部区域 135~140 美元时的成交量进行比较是有意义的。1928 年见顶部区域当周的成交量为 43 万股，1937 年 7 月的成交量却为 7.8 万股。当股价在 5~9 美元的区间低位徘徊时，有 15 周的周度成交量低于 5 万股，抛压接近衰竭，浮动筹码萎缩到了极致。

牛市和熊市的阶段

每一只股票的运动都不会直上直下，总是呈现波浪式的推进。**每一轮牛市或者熊市行情都存在规律性和阶段性，一轮行情通常可以划分为四个阶段，不过有时候行情在第三阶段就结束了。**

交易者只有认真研究个股历史的走势，当一轮行情行将结束时，也就是趋势变盘时，才能及时把握到。一轮行情的第三阶段和第四阶段需要交易者时刻注意。例如，股价经过一波上涨后会进入调整，然后再度创出新高。第二个高点出现后，股价再度

道氏理论对于牛熊市也存在清晰的阶段论，可以与江恩理论结合起来理解和运用。

按照艾略特波浪理论，第三个高点是第五浪创出来的。三浪上涨，两浪回调，主升浪就结束了。

进入调整，持续数日、数周或者数月，接下来再度向上突破，刷新高点。**当股价创出第三个高点之后，要观察是否有主力派发的迹象。**如果出现高位筹码大交换的情况，则第三个高点可能就是大顶部了。

不过，当股价出现第四波上涨时，上涨行情就基本上确定无疑要结束了。第四阶段的上涨对于趋势变盘来讲是关键阶段，交易者要非常注意。当股价处于下跌趋势中时，交易者也同样需要观察第三阶段或者第四阶段股价是否见到大底部。

下面我将以克莱斯勒为例呈现具体的方法，你可以按照这一思路去研究其他个股。

克莱斯勒上涨趋势的四个阶段

克莱斯勒的这波上涨，或者说牛市从 1926 年 4 月 3 日当周开始，持续到了 1928 年 10 月 6 日当周。股价从 28.5 美元上涨到了 140.5 美元，涨幅为 112 美元。这波上涨趋势可以划分为四个阶段。

第一阶段从 1926 年 4 月 3 日当周持续到了 1926 年 12 月 18 日当周，低点为 28.5 美元，高点为 44.5 美元，涨幅为 16 美元。当股价见到高点后，回调了 6.25 美元，跌至 38.25 美元。持续到 1927 年 4 月 16 日当周，该股都未能向上突破 44.5 美元。基于我的交易法则，**当股价从高点或者低点运动一年左右时，需要注意趋势变盘。**

周年日是江恩理论的重要概念，不过实际运用当中还需要结合其他工具，单靠周年日并不能断定趋势的反转。

股价在回调和整理了 16 周之后，涨势在次年恢复向上。

第二阶段从 1927 年 3 月 26 日当周持续到了 1927 年 9 月 3 日当周，低点为 38.5 美元，高点为 62.25 美元，涨幅高达 23.75 美元。当股价触及第二阶段的高点之后，一波回调紧随而至，于 1927 年 10 月 22 日当周见到低点 51.25 美元，7 周之内跌了 11 美元。

第三阶段从 1927 年 10 月 29 日当周持续到了 1928 年 6 月 2 日当周，低点为 51.25 美元，高点为 88.5 美元，涨幅为 37.25 美元。当股价见到阶段高点 88.5 美元之后，一波回调接踵而来。第三阶段的这波回调几乎持续了 3 周时间。在 1928 年 6 月 23 日当周见到了回调的低点 63.5 美元，这是这轮个股牛市启动以来最大幅度的一次回调。这轮回调的低点与上一轮上涨的高点仅差 1.25 美元。

第四阶段从 1928 年 6 月 23 日当周持续到了 1928 年 10 月 6 日当周。低点为 63.5 美元，高点为 140.5 美元，涨幅为 77 美元。其间，只出现过一波幅度为 13 美元的回调，仅仅持续了 10 天。

在我的两本专著《盘口真规则》和《华尔街选股术》当中，我都讲到了一个规律：**牛市最后一波上涨或者最后一个阶段是直线飙升的行情，其间回调的幅度非常小，这个时候最适合采用金字塔顺势加码法。**

股价在 15 周时间内的涨幅高达 77 美元，其中有 11 周都未跌破前一周的低点，这种飙升走势是行情接近尾声的信号。需要注意的一点是，在 1928 年 7 月 21 日当周见到低点 69.25 美元之后，每周低点在渐次抬升，不断走高。

如何将这个规律运用到具体的交易实践中？如果你能想出巧妙的落地之道，则交易上的功夫将一日千里。

克莱斯勒的顶部派发阶段

在其他几本个人专著当中，我反复提到一个观点，**牛市最后一个高点、第三阶段或者第四阶段，舆情亢奋，股价飙升，紧随而至的就是暴跌。**查看克莱斯勒从 1928 年 10 月 6 日当周到 1929 年 1 月 13 日当周的周度高低点走势图，你会发现第一波暴跌出现在 1928 年 11 月 10 日当周，股价从 140.5 美元跌到了 121.25 美元。接下来，股价迅速反弹。上涨

持续了两周时间，见到高点 135.75 美元。接着，股价又快速跌到了 123.25 美元，这次下跌只持续了 1 周时间。

股价从 123.25 美元开始反弹，上涨持续了 2 周时间，在 1928 年 12 月 8 日当周涨到了 137.75 美元。就在当周股价跌到了 114.5 美元，以低点收盘。股价在 12 月 15 日当周跌到了 112 美元的低点，**当周收盘价为 116.5 美元，比上周低点稍微高一些，这一区域存在强大的支撑，一波反弹由此展开。**

当该股从 140.5 美元跌了 28.5 美元之后，反弹开始了，持续了 3 周时间，在 1929 年 1 月 5 日当周见到了本轮行情最后一个高点 135 美元。这是股价从极端高点 140.5 美元跌下来之后见到的第二个次高点。当周，股价继续下跌，跌到了 126.5 美元。股价在周六以 127.5 美元收盘，这是走势疲软的征兆，也表明 135 美元是最后一个高点。

股价于 1929 年 2 月 2 日当周跌到了 109 美元，**这个点位比 1928 年 12 月 15 日当周的低点要低 3 美元。**趋势向下的明确信号出现了，股价步入了一轮漫长的熊市。

根据我的交易法则，当股价跌破前期低点超过 3 个点之后，如果股价不能重新回升到前期低点上方超过 3 个点，则表明趋势会继续向下。

该股于 1929 年 2 月 23 日当周跌到了 98.5 美元，截止到 1929 年 3 月 9 日当周，股价又回升到了 114.25 美元。这个高点比前期低点 112 点高一些，但是还差 0.75 美元才能突破前期低点超过 3 个点。

3 月 9 日之后的两周时间里，周度高点分别为 114.5 美元和 113 美元，这表明在前期低点上方抛压沉重，交易应该做空，接下来股价大幅下跌的概率很高。

很少有人相信成书年代久远的《圣经》存在可以用于交易的法则，能够帮助我们基于时间周期预判克莱斯勒股价的趋势转折点。许多宝贵的法则都能在《圣经》中找到相应的介绍，不过人们却极少会花时间和精力去研究这一经典。大众不愿意刻苦学习，而来自经典的知识却是未来挣钱的基础。

低点抬升，是江恩用来确认趋势向上的关键特征之一。

3 点或者说 3 美元，确认趋势向下。

重读百年交易经典，也能够让我们从古人的智慧中汲取丰富的营养。系统而全面地阅读，同时落实到交易实践中去，这样才能真正进步。

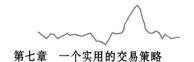

《圣经》当中有一句话值得我们铭记："Seek，and ye shall find；knock，and it shall be opened unto you。"

克莱斯勒下跌趋势的四个阶段

克莱斯勒的下跌趋势从 1928 年 10 月 6 日当周开始，持续到 1932 年 6 月 4 日当周。下跌趋势划分为四个阶段。

第一阶段是从 1928 年 10 月 6 日当周持续到了 1929 年 6 月 1 日当周，高点为 140.5 美元，低点为 66 美元，跌幅为 74.5 美元。这个阶段有 5 波行情，每波行情包括一个下跌波段和一个上涨波段。但是，其中任何一个反弹波段的持续时间都未超过 4 周期。

第一波行情于 1928 年 11 月 3 日当周开始，快速下跌到了 121.25 美元，接着反弹出现。反弹最终在 1928 年 12 月 8 日当周见到高点 137.75 美元，涨幅为 16.5 美元。

第二波行情于 1928 年 12 月 15 日当周跌到了 112 美元，跌幅为 25.75 美元。接下来的第二波反弹推动股价在 1929 年 1 月 5 日当周见到高点 135 美元，涨幅为 23 美元。

第三波行情于 1929 年 2 月 23 日当周跌到了 98.5 美元，跌幅为 36.5 美元。随后，第三波反弹出现。股价在 1929 年 3 月 9 日当周，见到高点 114.25 美元，涨幅为 15.75 美元。

第四波行情先是跌至 90 美元，进而继续下跌到了 87.75 美元。具体来讲，1929 年 4 月 20 日当周，股价见到低点 87.75 美元，跌幅为 26.5 美元。接下来的第四波反弹，股价在一周后升至 96.25 美元，反弹幅度为 8.5 美元。

第五波行情使得股价在 1929 年 6 月 1 日见到低点 66 美元，跌幅为 30.25 美元，这个低点标志着下跌趋势的第一阶段结束了。为什么这样认为呢？第一，**这个低点在长达 16 周的时间，未被跌破**；第二，**这个低点比 1928 年 6 月 23 日当周的低点高出 2.375 个点**，后者是上涨趋势最后一个阶段的上涨启动点位。随后的反弹让股价在 1929 年 7 月 13 日当周见到了高点 79.75 美元，上涨幅度为 13.75 美元。

下跌趋势第二阶段从 1929 年 7 月 13 日当周持续到了 1929 年 11 月 16 日当周。阶段高点为 79.75 美元，阶段低点为 26 美元，跌幅为 53.75 美元。

第二阶段的第一波下跌使得股价在 1929 年 7 月 27 日当周跌至 67.25 美元，跌幅为

12.5 美元。第一波反弹使得股价在 1929 年 8 月 10 日当周见到高点 76.5 美元，涨幅为 9.25 美元。

1929 年 9 月中下旬，**股价连续跌破了 66 美元和 63 美元两个前期低点，进一步下跌的空间打开了。**

第二阶段的第二波下跌走势非常迅猛，到 1929 年 11 月 16 日就暴跌到了 28 美元。从上一轮反弹的高点算起，跌幅为 41.5 美元。第二波反弹在 1930 年 4 月 12 日当周见到高点 43 美元，这波反弹让股价从低点 26 美元上涨了 17 美元。此后股价就步入了下跌趋势第三阶段。

第三阶段从 1930 年 4 月 12 日当周持续到了 1930 年 12 月 20 日当周。本阶段的高点在 43 美元，低点在 14.25 美元，下跌幅度为 28.75 美元。第三阶段的反弹幅度都比较小，原因是该股在经历长时间的下跌之后变得更加疲软。

第三阶段的第一波反弹的幅度只有 7.375 美元，第二波反弹的幅度只有 8.375 美元，第三波反弹的幅度只有 6 美元。当股价在 1930 年 12 月 20 日当周见到低点 14.125 美元之后，出现了最后一波反弹，于 1931 年 3 月 14 日见到高点 25.75 美元，涨幅为 11.625 美元。接下来，股价步入了本轮下跌趋势的第四阶段。

第四阶段从 1931 年 3 月 14 日当周持续到了 1932 年 6 月 4 日当周。阶段高点为 25.75 美元，阶段低点为 5 美元，下跌幅度为 20.75 美元。

第四阶段第一波下跌使得股价在 1931 年 6 月 6 日当周跌到了 12.5 美元，下跌幅度为 13.25 美元。随后的反弹使得股价在 1931 年 8 月 1 日当周回升到了 25.25 美元，涨幅为 12.75 美元。

第四阶段第二波下跌使得股价在 1931 年 10 月 10 日当周跌到了 12 美元，接下来的回升使得股价在 1931 年 11 月 14 日当周升至 18 美元，涨幅为 6 美元。

从 18 美元开始，股价下跌速度放慢，直到 1932 年 6 月 4 日当周见到低点 5 美元之前也未出现过像样的反弹。这是下跌趋势尾声阶段。从 1928 年 10 月 6 日当周股价见到极端高点 140.5 美元算起，该股跌幅为 135.5 美元。

1932~1935 年的上涨趋势

克莱斯勒在 1932~1935 年的上涨趋势也可以划分为四个阶段。

第一阶段从 1932 年 6 月 4 日当周到 1932 年 9 月 10 日当周。阶段低点为 5 美元，阶段高点为 21.75 美元，涨幅为 16.75 美元。

股价在 1932 年 6 月 4 日当周见到低点 5 美元。此后，在 5~8 美元之间窄幅震荡了 10 周时间。接下来，于 1932 年 9 月 10 日当周见到高点 21.75 美元，涨幅为 16.75 美元。

第一波回调使得股价在 1933 年 3 月 4 日当周见到低点 7.75 美元，下跌幅度为 14 美元。

第二阶段从 1933 年 3 月 4 日当周持续到了 1933 年 9 月 16 日当周。阶段低点为 7.75 美元，阶段高点为 52.75 美元，阶段涨幅为 45 美元。

在第二阶段，出现过一次暴跌，从 7 月 17 日到 21 日，持续了 4 天时间，股价从 39.25 美元跌到了 26.25 美元，跌幅为 13 美元。

当股价在 52.75 美元见顶之后，又一波回调出现了。回调至 1933 年 10 月 21 日当周，见到低点 36.25 美元，下跌幅度为 16.5 美元。

第三阶段从 1933 年 10 月 21 日当周持续到了 1934 年 2 月 24 日当周，低点在 36.25 美元，高点在 60.375 美元，涨幅为 24.125 美元。

这个高点与上次股价在 7.75 美元见低点的时间刚好间隔了一年，股价涨幅为 52.625 美元。

股价见到高点 60.375 美元之后，一波回调出现了，**股价在 1934 年 8 月 11 日当周见到低点 29.25 美元，下跌幅度为 31.125 美元。随后，在 1934 年 9 月 22 日当周，股价见到第二低点 29.375 美元，构筑了一个双重底部形态。**这是一个买入良机，挣钱的概率很大。

第四阶段从 1934 年 9 月 22 日当周持续到了 1935 年 12 月 28 日当周。阶段低点为 29.375 美元，阶段高点为 93.875 美元，涨幅为 64.5 美元。

第四阶段的第一波反弹在 42.5 美元构筑双顶，两个高点

螺旋历法在测算时间转折点上比较有效，其主要基于卢卡斯数列。斐波那契线谱在测算空间转折点上比较有效，其主要基于斐波那契数列。不过，这些都只能算技巧，顺势而为才是王道。

分别出现在 1935 年 1 月 5 日当周和 1935 年 2 月 23 日当周，上涨幅度为 13.25 美元。

股价从 1935 年 2 月的高点回落，于 1935 年 3 月 16 日当周见到最后一个低点 31 美元，跌幅为 11.5 美元。如果交易者仔细研究 1934 年 8 月、9 月以及 1935 年 3 月的各个低点，就可以发现这一区域是成交密集区，蓄势迹象明显。股价在第四阶段的最后一波飙升行情从这一区域的 31 美元启动，其间存在 5 波小幅回调。

第一波行情中，股价在 1935 年 5 月 18 日当周见到高点 49.5 美元，涨幅为 18.5 美元。此后，股价回落到了 41.5 美元，跌幅为 8 美元，上一波回调的幅度为 11.5 美元，本次回调幅度在变小。

第二波行情中，股价在 1935 年 8 月 10 日当周升至 62.75 美元，涨幅为 21.125 美元。随后的回调使得股价在 1935 年 8 月 24 日当周跌到了 57.75 美元，跌幅为 5 美元。

第三波行情中，股价于 1935 年 9 月 21 日当周见到高点 74.75 美元，涨幅为 17.125 美元。接下来的回调使得股价跌到了 68.5 美元，跌幅为 6.25 美元。

第四波行情中，股价在 1935 年 11 月 16 日当周涨到了高点 90 美元，涨幅为 21.5 美元。接下来的 3 周，股价在 1935 年 12 月 7 日当周跌到了 80.625 美元，下跌了 9.375 美元。

第五波行情中，股价在 1935 年 12 月 28 日当周升至高点 93.875 美元，涨幅为 13.25 美元，此后股价开始回调。

盈利能力最强的波段交易

在股票市场中，通过捕捉股价涨跌的波段进行操作，比长时间持股待涨的盈利潜力更大。通过对活跃股的可信研究表明，如果能够从波幅超过 8 个点的波段中获利 20%~25%，则其总利润将超过其他任何股票交易策略。

下面的交易记录可以证明上述结论。从 1925 年 11 月的低点 28.5 美元到 1928 年 10 月的高点 140.5 美元，波幅为 112 个点。其间，波幅超过 8 个点的波段有 12 个，累计波幅为 291 个点。其中，波幅为 8 个点的波段有 1 个；波幅为 9 个点的波段有 1 个；剩下的波段，波幅在 11~77 个点。波幅最大的一个波段，上涨了 77 个点，其间未出现幅度大于 8 个点的回调。这类波段最适合进行金字塔顺势加码操作。

如果交易者能够把握其中一半的波段，逐浪而行，那么总获利幅度就不是 112 个

点了，而是 145 个点。再加上金字塔顺势加码法，则能够像本章实例部分展示的一样，大赚一笔。

克莱斯勒的股价从 1928 年 10 月的高点 140.5 美元到 1932 年 6 月的低点 5 美元，波幅为 135.5 美元。其间，波幅在 8 个点及以上的波段有 28 个，累计波幅为 476 个点。波幅为 8 个点和 9 个点的波段分别有 5 个；剩下波段的波幅在 11 个点到 37 个点之间。

如果交易者能够抓住其中一半的波段，就不仅仅是获利 135.5 个点了，而是赚到 238 个点。

克莱斯勒从 1932 年 6 月低点 5 美元涨到了 1935 年 12 月高点 93.75 美元，涨幅为 88.75 美元。其间，波幅在 8 个点及以上的波段有 17 个。其中，波幅为 8 个点的波段仅有 2 个。剩下波段的波幅从 11 个点到 48 个点不等。这些波幅较大的波段是基于金字塔顺势加码操作的大好机会。这些波段的波幅加起来共计 309 美元，比 88.75 美元多了许多。如果交易者能够抓住其中一半的波段，则盈利幅度也会突破 88.75 个点，达到 154.5 个点。

从 1925 年到 1935 年，波幅在 8 个点及以上的波段有 57 个，波幅累计 1076 个点，也就是说这些波段的平均波幅在 19 个点左右。换而言之，如果你逢低买入克莱斯勒的股票，当股价上涨 10 个点时，即便不用加码，每笔的平均盈利也能达到 10 个点；如果你逢高做空克莱斯勒的股票，当股价下跌 10 个点时，即便不用加码，每笔的平均盈利也能达到 10 个点。

上述数据和案例表明，与其长时间持股等待上涨和享受分红派息，不如进行波段操作，后者比起前者能够赚取更多的利润。

如果你研究克莱斯勒等活跃股，就会发现当股价处于 40~100 美元的水平时，**从任何一个低点上涨或者从任何一个高点下跌超过 10 个点时，都预示着趋势变盘，股价可能会顺着此前 10 点运动的方向继续前进。**

大幅飙升波段最适合金字塔顺势加码法操作，其最容易出现在什么阶段，能否用技术手段尽早识别呢？

波段交易符合人的天性渴望，但是却是最难的，比动量交易难，比趋势交易难。看起来容易，做起来难。大巧若拙，最好还是从动量交易或者趋势交易入手。

如何确认趋势？N 字顶部或者底部是从形态出发确认趋势开始；N% 则是利用价格幅度确认趋势开始，与江恩的"10 点幅度"类似；还有 N 期高点或者低点突破确认法，这是海龟交易法的基础。

第八章

股市的未来

当所有人一致认为股价跌不下去的时候，股价会继续下跌；当所有人一致认为股价涨不上去的时候，股价会继续上涨。股票走势与所有人的一致观点唱反调。

——W.D.江恩

应验的预判

1923 年我在《盘口真规则》一书中写道，化工板块、飞机制造板块和无线电板块将成为下一轮牛市的龙头板块。随后，在 1924~1929 年的大牛市中，这些板块确实成了领涨的龙头板块，其中一些个股位于涨幅榜前列。

1930 年 4 月，我在《华尔街选股术》一书的第八章中也提过化工板块、无线电板块、飞机制造板块和电影板块会成为未来一轮牛市的龙头板块。这一预测同样在随后的股市走势中得到了验证。公众无线电公司 B 股（Radio B）在 1932 年的股价是 3 美元，到了 1935 年 12 月，该股涨到了 92 美元。

联合航空公司（United Aircraft）的股价在 1932 年的时候只有 6.5 美元，此后一直涨到了 46.875 美元。联合化工公司（Allied Chemical）在 1932 年的股价为 42.5 美元，到了 1935 年时已经涨到了 173 美元。空气压缩公司（Air Reduction）在

科技股是牛市的宠儿，新兴科技是资产泡沫的助产士。

1932 年的股价为 30.875 美元，到了 1935 年时已经涨到了 171 美元。

在本书中，你会发现要想发掘这些牛市早期的龙头股其实并不难。这些龙头股在牛市早期大幅上涨时，其他个股也在窄幅震荡，甚至还处于下跌走势中。

我在《华尔街选股术》的第九章中，写了下面这段话：

大众并非一开始就追捧汽车股，汽车股于 1915 年到 1916 年出现了显著上涨，1919 年再度大涨，经过这两轮显著上涨之后，大众才开始关注汽车股。从 1924 年到 1929 年，市场大众热捧汽车股，交投热情空前高涨，成交量超过了任何一个板块的历史纪录。因此，汽车板块整个出现了极端超买，大多数汽车股的价值都被显著高估了。由于此前这些汽车股的分红派息都异常高，导致此后经济萧条时无力进行分红派息。在接下来的熊市中，汽车股成了最佳做空标的。

上述这段话在接下来的股市走势中得到了充分的验证。奥本汽车在 1929 年的股价为 514 美元，1930 年 4 月的股价为 263.75 美元，1931 年 4 月的股价为 295.5 美元，到了 1935 年 3 月和 4 月，股价竟然跌至了 15 美元。

克莱斯勒汽车的股价在 1928 年 10 月为 140.5 美元，到了 1930 年 4 月跌至 43 美元。1932 年 6 月，股价跌至 5 美元的极端低点。从 1928 年的高点开始计算，到 1932 年 6 月的极端低点，跌幅高达 135.5 美元。

通用汽车在 1930 年 4 月的股价为 54.5 美元，到了 1932 年 6 月，股价跌到了只有 7.625 美元。上述股票的暴跌充分地证明了我在 1930 年关于做空汽车股的预判是多么正确无误。

在《华尔街选股术》一书中，我还写了如下内容：

投资者的集体恐慌

一般每隔 20 年左右，股市就会出现一次股市大恐慌或者经济大萧条，其间交易者会在低位割肉导致股价进一步暴跌。交易者之所以会这样做，是因为股市长期走跌，持股者的信心丧失，绝望带来恐慌。这个时候，买入者寥寥，想要卖出者却众多，使得股价不断走低。股价走跌使得提供股市融资的银行不断催收贷款，而这进一步加剧了股市的流动性衰竭，股价进一步暴跌。这样的情况在 1837~1839 年，1857 年、1873 年、1893 年、1896 年、1914 年，以及 1920~1921 年都出现过。而 1929 年的股市大恐

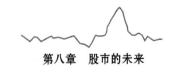

慌并非是由真正的价值投资者引发，而是由一群赌徒引发的。

不同时期的股市恐慌有各种纷繁复杂的直接导火索，但是背后的根源是唯一的，这就是信贷与货币因素。在经济繁荣阶段，银行大肆放水。到了经济萧条之前，银行又缩减股市融资贷款，逼迫交易者偿还贷款，引发市场恐慌。

大部分的银行家在经历长时间的经济繁荣和股市上涨之后会变得极端乐观，大量放贷；而在经历长时间的经济萧条和股市下跌之后会变得极端悲观，收缩贷款。当银行家变得惜贷时，他们不仅不发放新贷款，而且还催收此前的贷款，使得本来可以正常营运的公司遭遇资金流断裂之苦。

大部分媒体也一样加剧了市场的波动。当宏观环境良好时，它们宣扬乐观的主张，这个时候大众也要听信这类言论，而当宏观环境糟糕时，它们也随之宣扬悲观的主张，将市况描绘得更差。

在所有这些乐观和悲观的周期循环之中，少数经纪人和银行家看出了规律和端倪，他们明白接下来会发生什么，但是他们并未将这些观点毫无保留、清晰地告诉大众。因此，交易者需要亲自去观察、分析、思考。交易者必须依靠自己来捍卫自己的利益，不能寄希望于聪明的银行家或者经纪人为自己指点迷津，恰当的离场时机只能靠自己去捕捉。历史告诉我们，绝大多数经纪人和银行家给出的交易建议往往是靠不住的。

我们面临的将是历史上最大的一次股市恐慌暴跌。由于目前至少有 1500 万~2500 万投资者仍旧大量持有行业龙头企业的股票，经过几年下跌之后这些投资者的信心已经非常脆弱了，一旦他们绝望开始卖出股票，则整个股市的抛压将非常沉重，缺乏足够的买盘来支撑。

虽然现在持股者相比以前更加分散，以至于 1929 年大恐慌之后，许多人认为股市不再像以前那么容易受到恐慌情绪的影响，但其实股市的内在稳定性并未增强。我们需要明白一个事实：大众投资者，过去和现在，甚至未来都是不是市

决定股市趋势的三大因素是：整体业绩、流动性和风险偏好。江恩特别重视"流动性"因素。

经济和金融周期中的流动性加速器效应！

经济和金融周期中的情绪加速器效应！

场的聪明玩家，他们很容易受到舆论的影响，他们的情绪易于波动，股票上涨的时候就乐观，股票下跌的时候就恐惧。

我个人认为，如果股票集中在少数聪明投资者手中，则金融市场和经济都是安全的。但是，当股票分散于上千上万的普通投资者手中时，由于他们缺乏有效的组织和睿智的指导，因此市场变得更加动荡。

睿智的人不会等到为时已晚才卖出股票，而大众却希望在亏损不断扩大的股票上死守，因为他们寄希望于股票能够重回高位。但是，他们等到的往往是股价进一步下跌，大家在绝望中一同卖出股票，而此刻却没有什么买盘出现，于是股票跌得更凶。这就是 1929 年大恐慌的成因之一，市场中投机客和赌徒们处在极端不安的氛围之中，不得不争相逃命，从而导致卖盘异常沉重。

大众对金钱的贪婪将引发下一轮股市大恐慌，同时也会引发下一场世界大战。战争是人间地狱！或许你会问：当战争来临时，如何处理手中的股票呢？战争必然引发大众的恐慌，恐慌也会笼罩股市。**1929 年这次大恐慌可能会导致战争的发生。**

"金钱是所有罪恶的根源"，人们常常错误地理解这句话，或者错误地引用这句话。他们认为这句话源自《圣经》，事实上这句话并非来自《圣经》。《圣经》认为"贪图金钱是所有罪恶的根源"。

历史表明：所有的战争都是源于大众贪图金钱和争夺权力。贪图金钱是历史上每一轮经济和金融危机的原因。我们即将面临的史上最大规模的恐慌也是这一原因造成的。现在的美国的资金宽裕程度超越历史上任何时期，许多人为了攫取这些资金而失去理智。一旦他们发现信贷开始悄然收紧，那么他们挣钱的劲头会更大。

历史记录表明 1931~1932 年这次大恐慌是纽约证券交易所最大规模的一次下跌，其间个股的跌幅相当惊人。做出上述预测是基于我的时间周期理论，这一理论能够让我提前数

> 金融市场是"精英主义"滋生的温床。口随大众，心随精英。

> 用道德和人性来解释问题容易上手，但是往往触及不到问题的本质。如果贪婪能够解释一切，那么经济学和政治学就没有存在的必要了。

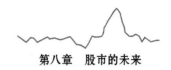

月甚至数年预判指数或者个股的趋势变盘节点、股价何时能够见到极端高点或者极端低点。不断得到验证的预判使得大众越来越认可我的时间周期理论以及其中的数学基础，这一理论是预判股市未来趋势的法宝。

投机者和投资者在 1930~1932 年如何被市场愚弄

无论是投机者，还是投资者，绝大多数人都在这波大恐慌中遭受到巨大的损失。他们之所以会被市场愚弄，关键在于他们毫无主见，缺乏独立思考的习惯与能力，他们轻信别人的消息和观点，其实这些热衷传播消息和观点的人并没有多少货真价实的东西，大多是毫无根据地胡说八道而已。

很多名头很响、看起来聪明无比的经济学家曾经信誓旦旦地保证 1929 年 11 月的低点不会被跌破，此前的下跌已经充分消化了市场的各种利空，上涨趋势即将恢复。此后，当股市在 1930 年、1931 年和 1932 年不断破位下行时，他们仍然痴人说梦，仍旧说着陈词滥调，认为市场不会继续下跌，即将恢复上涨趋势。

不过，当市场真的见底之时，可能是因为他们被市场愚弄得太久了，他们此时却沉默了，不知道该说什么了。

这些学者其实并未下功夫去研究股市的历史数据，当然也就无法预测到有史以来最大规模的一波牛市必然导致规模最大的一波熊市。当股市在 1929 年涨到历史大顶部之后，历史上最大的一波暴跌紧随而至，市场需要较长的时间去消化卖盘。

每当股市见到一个低点后，媒体、经济和金融学者，以及政府当局都会宣称这是最后一个低点了，股市已经见底了，马上就要回升了。不过，股市并不理会这些观点，而是继续下跌，直到大众丧失一切信心，变得绝望为止。

当前市场正在下跌，市场观点分歧，则下跌走势还将继续。当市场下跌，市场观点一致看空，则下跌走势结束，反弹或者反转来临。

分歧时，行情继续发展；一致时，行情倾向反转。

股价和指数会跌到大众做梦也料想不到的低点。**当所有人一致认为股价跌不下去的时候，股价会继续下跌；当所有人一致认为股价涨不上去的时候，股价会继续上涨，股票走势与所有人的一致观点唱反调。**散户对股价趋势的判断基本上都是错误的，原因之一在于他们缺乏明确而清晰的交易法则，交易流程杂乱无章。

大众坚信政府入市购买棉花和小麦等大宗商品，同时大举发放贷款能够终止经济大衰退。不过，**周期是不可悖逆的**，当一个周期的下跌阶段来临时，价格必然会下跌，在周期完成自己的阶段走势之前，什么也无法阻止它。同时，在周期的上升阶段来临时，除非阶段结束，否则无论政府如何干预，什么理论也无法阻止其上升的趋势。

每个投机者和投资者都应该独立思考和判断，并且研习一些有效的交易法则，将它们运用到实战中，绝不能依靠那些道听途说的消息和一知半解的人。

经济有周期，大宗商品有周期，市场舆情有周期，金融市场走势有周期，你如何去度量呢？如何去预判呢？这就是驱动分析，或者说基本分析的功夫了。

未来股市将如何误导交易者

1935 年全年，特别是下半年时间当中，全社会的媒体和经济金融学者都在热论低息信贷充裕，银行超额准备金也非常庞大。同时，他们也在热议通胀问题，这些媒体和学者的主要观点是政府已经通过货币政策稳住了经济和金融局势，因为大众可以很容易地获得信贷来购买商品和股票，因此股市必然会维持上升趋势。

不过，大众显然忽略了一个最为重要的事实：**在绝大多数时候，"聪明的大资金"是不会在大众一致看好的时候在高位大举买入股票的。**同时，大众也误判了流动性。事实是大量资金其实存在银行账户中，保险公司和储蓄银行实际上控制了这些资金，这些金融机构购买了政府债券。如果这些钱

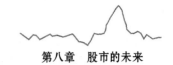

进入到股市中，那么债券市场就会崩盘，结果是引发金融和经济恐慌。

如果大众一致坚信某件事情会发生，或者是某件事情已经发生了，那么市场通常应对这件事情贴现了，价格已经体现了这一预期或者事实。当大众都在讨论通胀，都认为股价和商品期货的合约价格会大涨时，这样的预期现在已经体现到价格中了。1933 年后出现的通胀已经体现在了价格当中，而现在通胀紧缩的迹象明显了，金融市场已经开始贴现 1936 年秋季大选前的通货紧缩预期了。

> 一致预期是完全被市场价格贴现的预期。

下一轮熊市的催化剂

本届政府推行的新政，我认为其实是糟糕的。华盛顿政府对各个产业和经济部门其实并不了解，但是他们却固执地推行想当然的政策。大多数政客和智库人员其实对经营企业完全不在行。他们了解的东西基本停留在纸上谈兵，这些东西对于实践而言没有任何实际价值。他们推出的政策和措施对于企业的运营而言是沉重的打击。亨利·福特的企业也在遭受重创之列，其工厂将会关闭，数千名工人将会因为失去工作而流落街头。

政府推出的新政策将剥夺一个勤劳公民的所得，转而补贴那些不务正业、无所事事的懒汉。这些政策和措施将驱使大家好逸恶劳，因为新政鼓励大众向政府伸手，成为社会的寄生虫，浪费和吞噬纳税人所创造的财富。这是极其糟糕的做法，国家早晚会因此遭受破坏性的恶果。

美利坚是由一批具有开创精神的勤劳者所创建的，他们用血汗创造出一个新的国家，离开了勤劳的双手这个国家永远无法建立起来。如果这个国家的民众贪图安逸，不思进取，只知道索取，却不知道奉献的话，则这个国家将了无希望。

政府不能将一个人的劳动成果剥夺过来，转手赐予另外一个懒惰的人。政府不能向勤奋工作并且承担风险的企业主征重税，转而扶持那些市场竞争的落败者。如果政府对消费者征税，同时让农民毁掉庄家，并且杀掉牲口以便获取政府补贴，最终会使得物价飙升，从而使得勤劳的人无法支付生活的开销。

农民能够顺应市场规律去处理好自己面临的周期性问题，因为他们也经历了许许多多的各种问题。如果他们无法处理好所面临的问题，则应该允许他们像其他生意的失败者一样，品尝失败的苦果，这样才能学到有益的教训，从而在未来更好地经营。**"物竞天择，适者生存"是自然进化的法则；"多劳多得，少劳少得，不劳不得"是社会公平的前提**。没有任何人有权不劳而获，这样的做法是不符合规律和法则的。从古至今，没有任何人能够违背这条法则。亘古不变的社会规律是一分耕耘一分收获。

这个国家任何人都是同等伟大的，人人都是平等的，没有一些人比其他人应该享受更好的待遇。大多数民众选举了罗斯福担任总统，但是现在才发现罗斯福挑选了一小撮信奉精英主义的人来管理这个国家。国会听从了罗斯福的主张，让这些精英主义的信奉者来治理国家，挽救危局。

但是，不知这些人是否明白治大国若烹小鲜，治理政府与管理企业其实并无二致，都需要量入为出。如果一个政府的支出是其收入的 2 倍或 3 倍，那么这个政府最后必然会破产。现在的情况正是如此。

政府大举干预企业的经营，造成了庞大的财政开支，这为未来的大麻烦埋下了苦果，最终市场会来一次大清算，替政府背黑锅的还是纳税人。如同上一次的大恐慌一样，当时也是各国政府的愚蠢行径造成的，世界大战爆发了，经济和社会失调了。

现在，我们不得不面对有史以来最大规模的大衰退，因为一切都无法避免。一旦经济出现大问题，那么股市也难以

江恩想重新激发经济的活力，这只能依靠企业家精神或者战争。

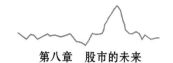

独善其身，恐慌将接踵而至。历史总是在不断重复，当市场恐慌来临时，无论是投机者还是投资者都无法及时离场。等到股市跌到万劫不复的绝望境地时，他们才不得不割肉离场。虽然新的证券交易法规使得股价下跌过程中的成交量萎缩，但是下跌趋势并未发生实质的变化。

倘若美国政府仍旧执迷不悟地继续将这些糟糕的政策推行 4 年，那么国家的崩溃是毫无疑问的。银行被迫买入政府强行摊派的几十亿美元债券，银行无法转手卖出去，这使得其缺乏充裕的资金来面对储户的挤兑。买入大量政府债券的各种金融机构，包括储贷银行、保险公司和信托公司最终发现手头的债券实际上已经贬值了 15%~30%，因为政府在滥发纸币，推动物价上涨。既然政府铁了心要贬值货币，那么谁还敢持有美元呢？

这个伟大国家唯一的出路在于停止上述愚蠢的做法，重塑实干精神，做一些应该去做的事情，努力走出困局。堪萨斯州的州长蓝盾（Landon）的表态象征着积极的方向，他表示可以削减政府支出，他领导下的州政府已经成功地减轻了负债。

如果其他政府机构也能如此来运作，停止那些无用的公共开支，以便实现财政平衡，那么这个伟大的国家就会再度伟大起来。未来政府应该停止那些对企业发展百害而无一利的高税收，应该让企业自主经营。政府要管理好自己的支出，而不是养活那些好逸恶劳的人。

融资影响股票价格

从 1932 年以来，股市出现了大幅上涨，但是同期的融资余额却并未增长多少。新出台的证券交易法规要求交易者缴纳更高比例的保证金，交易杠杆被大幅压缩了，交易者在很大程度上完全是在操作自有资金。所以，股价从 1932 年到 1935 年的大幅上涨并未让融资余额大幅增加，股市交易融资需求未显著增长，银行针对股市的短期贷款利率也就并未上升。

最近一段时间，银行的长短期贷款利率都有了温和的上涨。更高的融资利率表明买盘后续乏力，预示着牛市处于高位。当社会的闲散资金都被吸入到股市后，下跌是不可避免的。

目前，许多欧洲国家的人持有大量美国的股票，同时还在美国银行拥有巨额的存

货。一旦有风吹草动，他们会立即抛售这些股票，取走这些存款。在这种情况下，股市会崩盘，而银行会遭到挤兑，大恐慌会再度来临。

总市值位于极端高位预示着股市顶部

当股票市场处于 1929 年的高点时，纽交所的所有上市公司的总市值超过了 900 亿美元。当股市跌至 1932 年 7 月的低点时，纽交所的总市值在 120 亿~150 亿美元。在短短的 34 个月内，市值就蒸发了 750 亿美元。这样的金融灾难无论是在美国，还是世界其他地方都是闻所未闻的。

目前，1935 年 12 月底的纽交所上市公司总市值为 460 亿美元，比 1932 年低点时的总市值增加了近 300%，这表明股市见顶了。

> 比较极端点位的总市值其实是在分析市场情绪。而情绪是估值的重要影响因素。

投资信托会在何时卖出股票

引发下一次股市恐慌性暴跌的因素来自于投资信托，知道它们会在何时卖出股票，就能够预判出股灾什么时候到来。这些投资信托目前处于满仓持股的状态。

部分投资信托在低位买入股票，但是更多的投资信托却在高位买入。无论具体情形如何，反正它们持有了大量的股票。当这些持有机构大肆卖出股票时，股市必然出现暴跌。

另外，还有一些国外投资信托持有大量的纽交所上市股票，如果它们也加入到抛售的行列中，则股灾会变得异常惨烈。信贷和货币政策的重大变化、欧洲再起烽火以及其他的重大利空事件的出现都可能引发股市的暴跌，最终演变成长

> 每个市场阶段都有重量级的玩家，也就是那些主导市场阶段性走势的玩家。

> 持有股票而又无力加码者是最大的空头，虽然他们极力看涨，但却是做空的生力军。

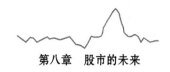

期熊市。

如果你按照我给出的趋势研判术去分析个股和指数的价量走势和关键点位，则可以很好辨明趋势的变化。一旦发现趋势变化的苗头，则应该立即按照我给出的交易法则进行操作。

铜业等金属类股票

最近一年的时间当中，大众总是热议银价涨到 1.29 美元每盎司会对铜业等金属类股票产生什么影响。大众买入了金属类股票，因为他们坚信政府会将银价提高到 1.29 美元每盎司。

但是，大众忽略了股价对预期的贴现程度。在政府购买白银法案出台之前，相关个股的价格已经开始上涨了，金属类股票的价格已经在反映这一法案的预期影响了。

最近几个月，银价已经跌到了 0.25~0.30 美元每盎司。美国政府收购白银，全球的白银都流向了美国，美国成为大买家。这就使得美国国内的白银供给大增，自然压低了白银的价格。当白银价格下跌时，以铜为主的金属类股票也跟着下跌。如果白银价格继续下跌走势，那么相应的个股也会深受其害，自然还会进一步下跌。

> 白银经常伴生在铜矿中。铜业公司往往也是银矿公司。

> 永远不要忘记分析预期和筹码，投机必做的功课！投资者最好也分析一下预期和筹码，这样可以找到低估值的买入时机。

> 当时美国的白银采购方案使得国民党政府统治下的中国出现了通货紧缩和出口大幅下降。可以参考弗里德曼的专著《货币的祸害》一书。

分红派息和股票分拆

在我的其他几本专著中，我说过**分红派息和分拆是为了让大众买入该股**，通常是主力为了完成高位派发使出的伎俩。大多数股票在分红派息或者分拆后会跌到较低的水平。

　　过去的 10~15 年时间里，部分股票已经被分拆过了多次。很多在 1924~1929 年进行过多次分红的股票此后在 1932~1935 年的牛市中都没有什么表现。下面来看一些例子。

　　第一个例子是沃尔沃斯公司（Woolworth）。1920 年，这家上市公司宣布按照每 10 股送 3 股进行分红。1924 年，又宣布每 1 股分拆为 4 股。1927 年，宣布 10 股送 5 股。1929 年，宣布将 1 股拆为 2.5 股。频繁的分红拆股使得该股丧失了龙头股的地位。

　　1924 年，该股见到高点 345 美元。1929 年 11 月，分拆后的新股跌至 52.25 美元，此后的 1930 年 6 月和 12 月，股价也在 52.25 美元见底。

　　1931 年，该股回升到了 72 美元，然后步入漫长的下跌走势。到了 1932 年 5 月，见到极端低点 22 美元。这只股票在 1932~1935 年这波牛市中的上涨幅度要远远小于在上一轮牛市中的表现。

　　1935 年 6 月，该股涨到了 65.25 美元的高点，仍旧低于 1931 年的高点差不多 7 美元。该股比其他个股更早见顶，见顶后持续下跌，于 1935 年 12 月见到低点 52.125 美元。

　　过去数年激烈的行业竞争使得这家公司的利润大幅下降，以前这家公司依靠低价商品而处于近乎垄断的地位，现在已经朝不保夕了。该股不会再成为未来牛市的龙头股了，在股市萧条的时候也不是具有价值的买入股，因为该股未来的涨幅不会太大。记住，远离那些日薄西山的个股，寻找新的市场龙头股，这样才能持续从股市中获利。

　　第二个例子是可口可乐。1927 年上市公司宣布 10 股送 10 股。1929 年再度宣布 10 股送 10 股。1935 年 12 月，宣布 10 股送 30 股。在这次大规模送股之前，该股于 1932 年 12 月跌到了 68.5 美元。到了 1935 年 11 月，该股涨到了 298.5 美元。同年 12 月，送股后该股涨到了 93 美元，复权后相当于 372 美元。

　　在纽交所的所有股票当中，可口可乐是被最多人看好的一只。人们坚信这家公司会一直保持丰厚的收益，无论被分拆过多少次，其股价都会继续走高。**当大众一致看好这只股票时，我认为明确的做空信号就出现了。**

　　我预测可口可乐的股价在下一轮熊市中会得到显著低于目前的水平。我认为该股最近一次分拆的目的就是为了便于高位派发筹码，对于一些持股多年的投资者而言，这是最佳的退出时机。

　　任何股票都有见顶的时候，正如任何一个人都会跌落巅峰，任何一家公司都会最终走向衰落。可口可乐的股价也会走上这条路，股价会跌到低位。这家公司在营销上砸下了重金，只要业务出现数年的下滑，则盈利将微不足道，削减分红势在必行。这

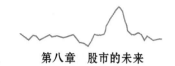

一天早晚会到来，那时候该股的价格就会持续下跌。

对于那些曾经分拆和送股的股票要十分小心，在买入之前要谨慎分析，因为它们很难成为未来牛市的龙头股。最好是等待这些个股的做空信号，因为它们很容易成为未来牛市的领跌股。

老龄化和更健康生活的追求对可口可乐的打击应该才显现出来，江恩批判可口可乐之后又过了接近90年时间，可口可乐才出现真正的颓势。

在低价股当中寻找未来的市场龙头股

如果交易者仔细查阅了所有股票的走势图，就会发现一些有价值的东西：那些在1932年价格不到10美元的股票在1932~1935年这波牛市当中的涨幅最大。

在1932~1933年，如果交易者手头只有1000美元到2万美元的话，当然越多越好，可以将资金分为3等份，一份购买6~10美元的股票，一份购买3~6美元的股票，剩下一份购买3美元以下的股票。最终，交易者将获利甚丰。如果你有充裕的资金，则可以买入更多股价为1美元的股票。因为这些低价股在牛市中的涨幅将是巨大的。即便你亏掉了25%的本金，整体上的盈利幅度也将是非常大的。

这类股票有伊万斯制品（Evans Products），1932年该股的价格为0.5美元，到了1935年则涨到了40美元；乌达耶—赫尔希公司B股（Houdaille Hershey B）在1932年的价格是1美元，到了1935年就涨到了31美元；斯皮格尔—梅—斯坦公司（Spiegel-May-Stern）在1932年的股价为0.625美元，到了1935年则涨到了84美元。

部分当前处于低位的个股，在接下来的牛市中会成为龙头股。但是，许多低价股的筹码是被秃鹫投资者掌握着的，另外一些低价股则已经窄幅盘整许多年了，没有任何启动的迹象。因此，交易者需要坚持绘制这些低价股的月度和年度高低价走势图，持续跟踪其动向。耗费精力虽然不多，但是

任何一只创出多年高点的股票都值得你去深究背后的原因。

交易者能够从这样一份努力中获益良多。**当任何一只低价股出现交投活跃的迹象，并且向上突破数年的最高点之后，你就应该买入，只要处于上涨趋势之中，就应该坚定持有。**

飞机制造和航空板块

1935 年下半年，政府大规模的采购使得飞机制造板块出现了暴涨。政府订单在飞机制造公司的收入流中举足轻重。如果战争爆发，无论美国是否牵涉其中，飞机制造公司都将获利巨大。

我重点介绍几家飞机制造和航空板块的个股。第一只股票是道格拉斯飞机制造公司（Douglas Aircraft），我们认为这家公司的市场前景光明，甚至要比其他飞机厂商的前景更好。我认为这只股票会涨到很高的位置。到了 1935 年下半年，该股已经向上突破了历史的高点，包括 1929 年的高点，进一步上涨的空间被打开了。

接下来要推荐的两只股票是邦迪克斯航空器材公司（Bendix Aviation）和汤姆森航空器材（Thompson Products），两家公司主要从事飞机零配件的制造，业绩优良，交易者应该对它们保持跟踪。

第四只股票是斯佩里公司（Sperry Corporation）。这家公司也生产飞机零配件，并且拥有一些导航方面的专利，包括陀螺仪等导航仪器。

第五只股票是泛美航空（Pan American Airways）。这家上市公司的主要业务是航空运输，流通股较少，管理层优秀，历史业绩上佳，成长性很好，毫无疑问将会继续持续下去。

第六只股票是联合航空公司（United Aircraft）。这家上市公司前景大好，客运业务持续增加，业绩也相应提高，带来了充裕的现金流，管理层也非常优秀。参看附录 1 的附图 1-8。

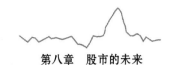

第七只股票是国民航空（National Aviation），其流通盘仅有 47.7 万股。这家公司其实是一家投资信托，持有许多航空公司的股票。交易者可以持续关注它，等待明确牛市起涨信号。

除了上述飞机制造和航空运输上市公司之外，还有更多涉及飞机制造和零部件生产以及航空运输的个股，我就不再一一列举了。

飞机制造和航空运输板块的未来是一片光明的，这个行业将沟通大西洋和太平洋，成为环球旅行的新方式。它们的业务量会逐渐增长，值得投资者关注。如果交易者能够按照本书提供的法则来交易，顺应个股趋势，则就能够像此前的铁路股和汽车股大牛市一样从中赚取丰厚的利润。

我始终信守一句谚语：如果你付出最好的东西，则必然有最大的收获。我写作本书的目的就是让读者能够从我的经验和理论中获益。本书提供的这些法则不仅现在有效，未来也将继续有效。

我已经完成了我的工作，剩下的事情就靠你自己完成了。勤奋和努力是成功必不可少的要件，只有这样才能成为股市的神探。一分耕耘，一分收获。

如果我能够让许多人告别胡乱和冲动交易的弊病，走向理性和稳健交易的康庄大道，那就是最大的回报和慰藉了。

原著中还列出了数十家航空公司的名称，对于现在的交易者而言就没有什么价值了，所以不再全部列出了。

本书相关的走势图表

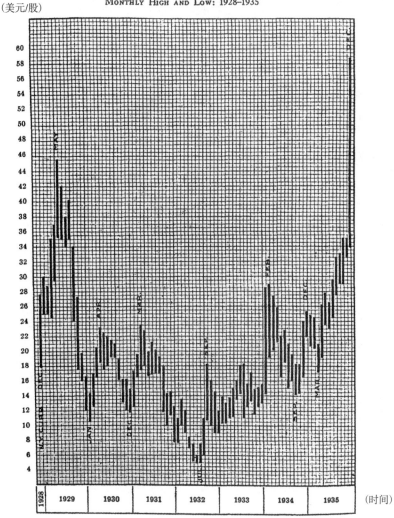

附图 1–1　道格拉斯飞机制造公司 1928~1935 年月度高低点走势图

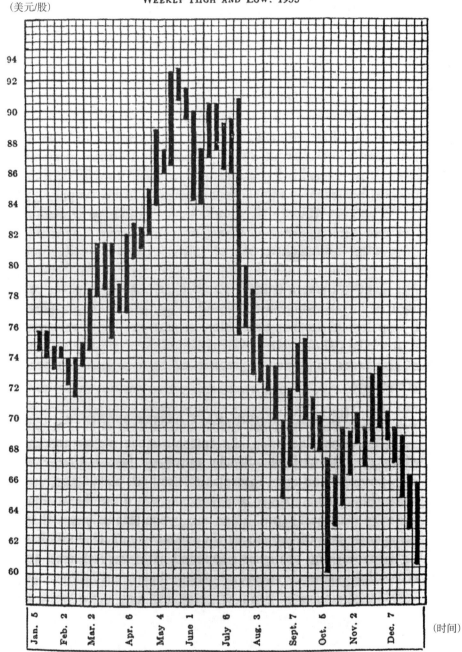

CHART No. 2—UNITED FRUIT
WEEKLY HIGH AND LOW: 1935

附图 1-2　联合果业 1935 年周度低点走势图

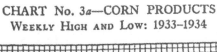

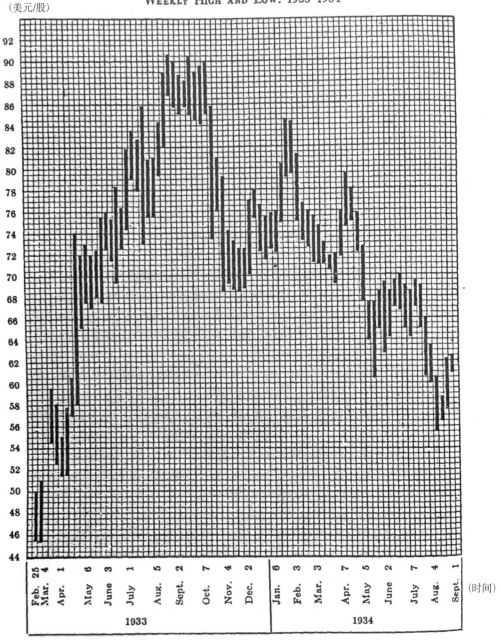

附图 1-3A　玉米食品 1933~1934 年周度高低点走势图

股票趋势研判术：顶级交易员深入解读

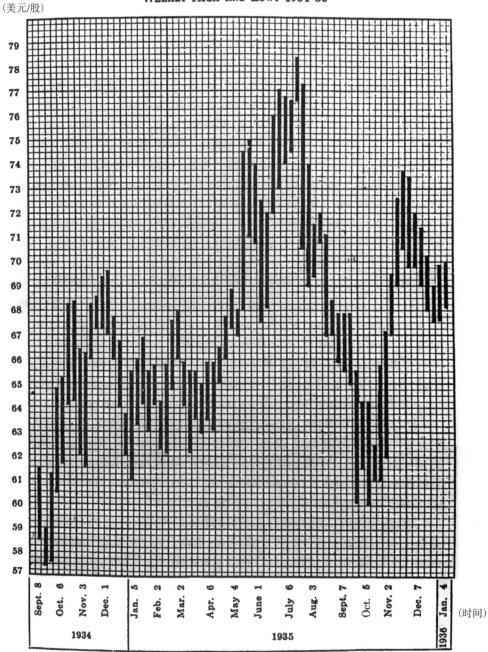

附图 1-3B　玉米食品 1934~1935 年周度高低点走势图

134

CHART No. 4—U. S. SMELTING
MONTHLY HIGH AND LOW: 1924~1935

（美元/股）

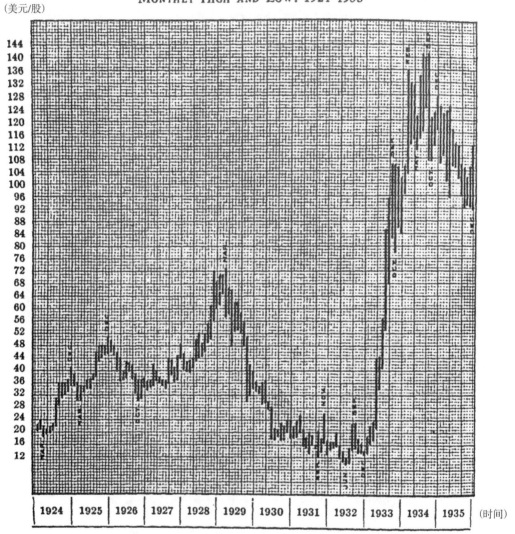

附图 1-4　美国精炼 1924~1935 年周度高低点走势图

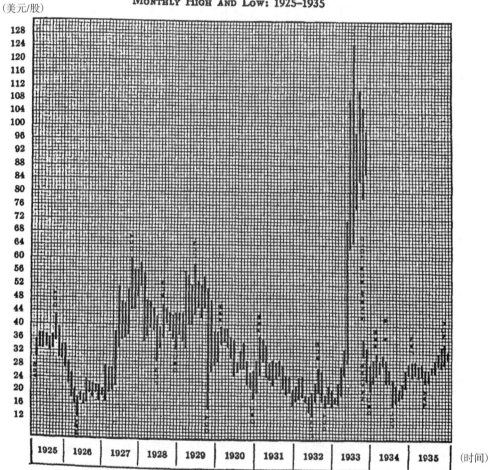

CHART No. 5—NATIONAL DISTILLERS
MONTHLY HIGH AND LOW: 1925–1935

（美元/股）

附图 1-5　国家酿酒公司 1925~1935 年月度高低点走势图

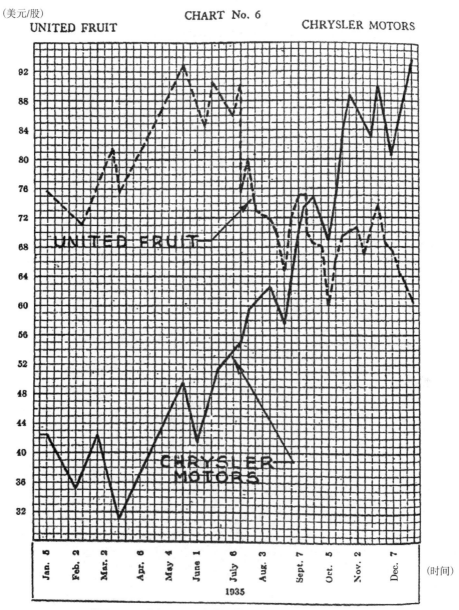

附图 1-6　联合果业和克莱斯勒在 1935 年的走势对比

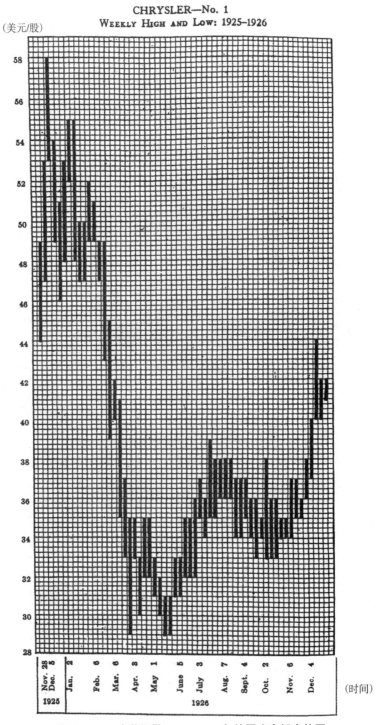

附图 1-7A　克莱斯勒 1925~1926 年的周度高低走势图

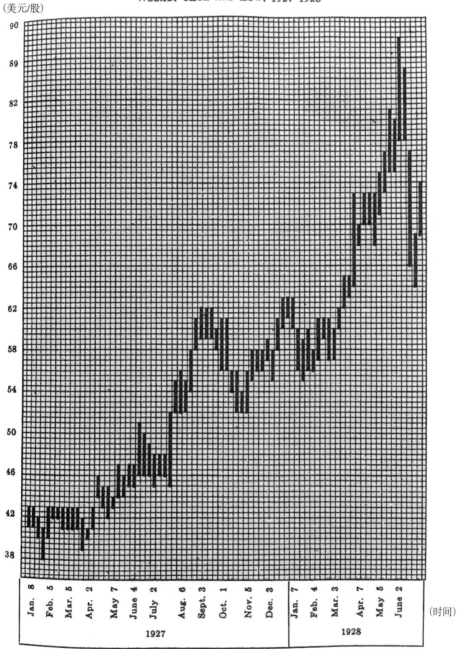

CHRYSLER—No. 2
WEEKLY HIGH AND LOW: 1927–1928

附图 1–7B　克莱斯勒 1927~1928 年的周度高低点走势图

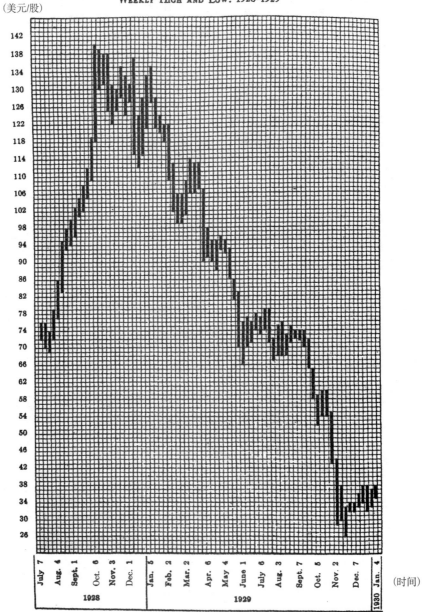

附图 1-7C　克莱斯勒 1928~1929 年的周度高低点走势图

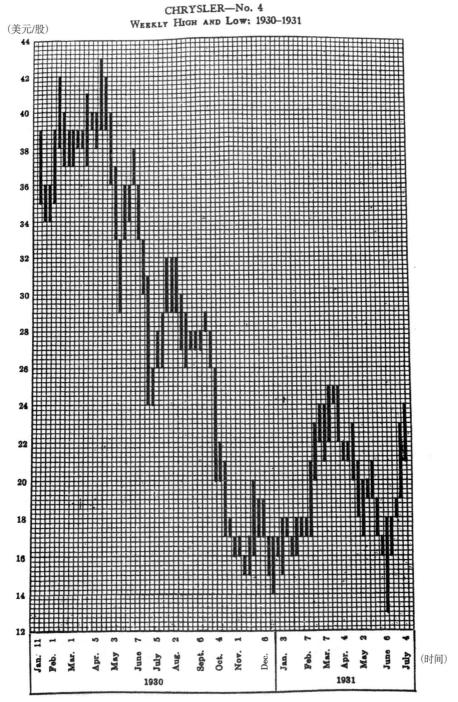

附图 1–7D 克莱斯勒 1930~1931 年的周度高低点走势图

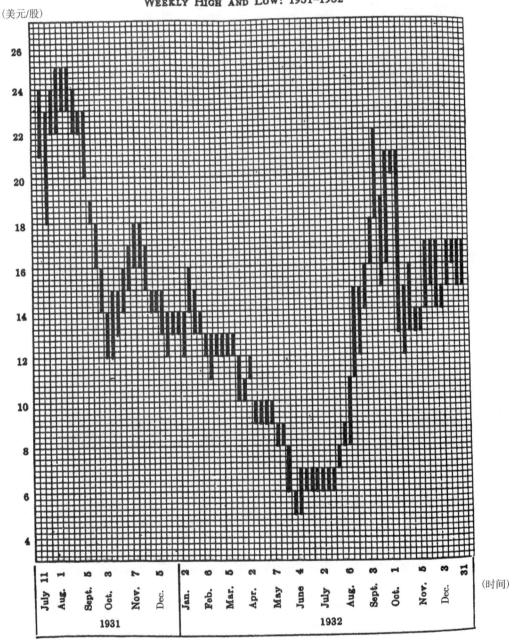

附图 1–7E　克莱斯勒 1931~1932 年的周度高低点走势图

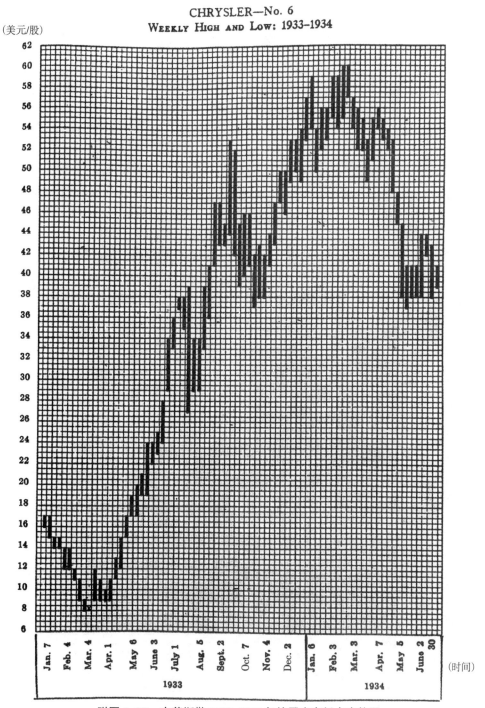

CHRYSLER—No. 6
WEEKLY HIGH AND LOW: 1933–1934

附图 1–7F　克莱斯勒 1933~1934 年的周度高低点走势图

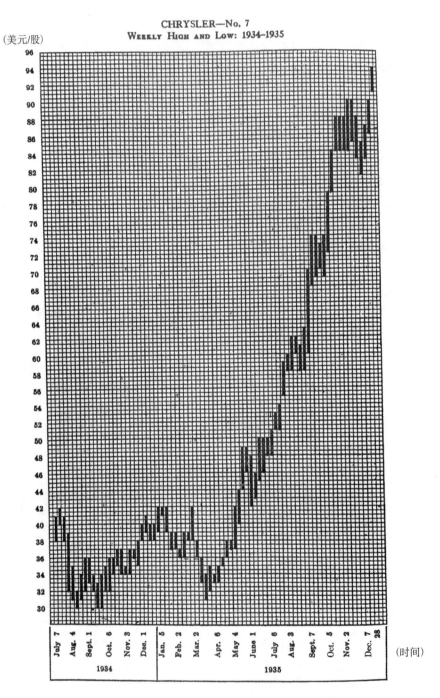

附图 1–7G　克莱斯勒 1934~1935 年的周度高低点走势图

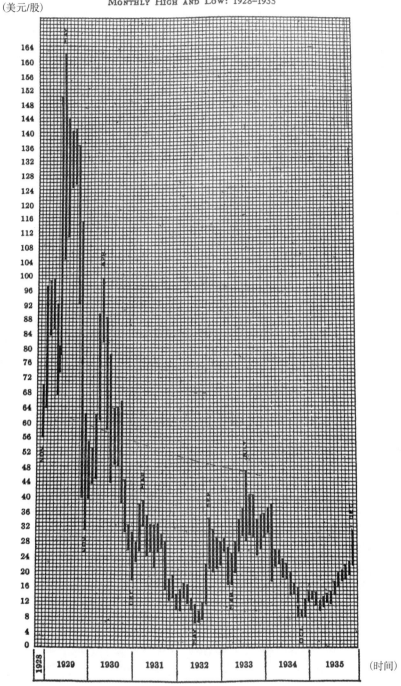

附图 1-8　联合航空公司 1928~1935 年月度高低点走势图

附录2

金融交易者的身心健康法宝——EFT

桥水基金的达里奥反复强调禅修是其成功的最大秘诀。其实，在真正的禅修练习之前我们最好做一些类似针灸的前行功课，为什么呢？因为很多人可能能量循环处于虚弱的状态，如果直接上座修禅定，无论怎么数息都很难入定。

毕竟，人的身体能量太弱之后，心念也处于极度散乱的状态，这个时候要想入定就很勉强了。所以，我们可以做一些前行功课来创造一个更加容易修习禅定的状态。EFT 就是这样一种技术，它比针灸更加方便，不用针刺，也不用艾条来灸，可以迅速通过调整经络气机运行来恢复和加强能量循环，进而影响情绪和心态。

EFT 比冥想（禅修）的门槛更低，更容易掌握，同时也可以作为禅定的前行功课。我们在分析和盯盘的过程中可以不定时地进行几次 EFT，这样可以帮助我们驯服身体的能量，进而掌控情绪。然后，再抽取固定的时间段来进行冥想练习。

那么什么是 EFT 呢？它是 Emotion Freedom Techniques 的缩写，一般称为"情绪释放术"。它是一位国外的心理医生偶然尝试穴位按摩治愈了一个恐水症的女患者之后发展起来的心理治疗体系，它与其他西方心理治疗理论的重大区别在于它从身体入手治疗心理疾病，而不是希望通过直接从心理入手来治疗心理问题。

EFT 从根本上讲源于中国古典医学的经络理论，而直接

经络通，则淡定！淡定与否取决于自身能量运气状态，其次是实力水平与目标高度的比率。

来源则是 TFT。TFT 是罗杰·卡拉哈姆（Roger Callaham）创立的，全称是 Thought Field Therapy（思维场疗法）。他在治疗一个恐水症患者的时候，主流的西方心理疗法毫无效果，然后他利用自己对经络理论的了解对病人进行了全新的尝试。他发现患者除了恐水症之外，胃部也经常不舒服，所以他判断患者的足阳明胃经有问题，他在这条经络上选择了一个主要穴位来按摩，然后患者的恐水症突然消失了。要知道此前施行西方心理疗法长达半年，而患者的状况并没有好转，而此刻进行一会儿穴位按摩，患者的症状竟然快速消失。这次的成功为西方心理疗法打开了一扇新的大门，罗杰·卡拉哈姆在此基础上进行了广泛的临床试验和深入的研究，他认为身体能量系统出现问题导致了心理问题，而心理问题反过来又加重了能量系统的淤积，通过按摩穴位来修复能量系统，进而可以恢复正常的心态。

所有的心态失衡都可以在相应的经络上找到淤积点，通过疏导这些淤积点我们可以恢复心态的平衡和健康。交易员，无论是黄金外汇交易员还是股票期货交易员都处于时刻紧张的状态，面临的外部冲击很多，所以很多交易员的能量系统都存在淤积点，这就必然导致很多身心问题。我们曾经尝试过很多传统的心理疗法，比如 CBT 和自我催眠，但是真正易于应用、效果显著的还是 EFT，这一技术比冥想对场地的要求更小。长年累月奋斗在交易第一线，脊柱的问题和焦虑紧张时常干扰我们的高水平表现，通过坚持 EFT 和冥想，我们保持了能量系统的正常运作，保持了身心的健康状态，而这反过来提高了交易绩效。

从 2015 年开始，我们的交易员每天都会进行至少两次 EFT 来平衡情绪。

空口无凭，我们来看下 EFT 临床试验的效果。2013 年，美国哈佛大学医学院对 EFT 进行了科学实验。这个实验发现刺激穴位能够让杏仁体缩小，而杏仁体是大脑里面控制情绪的部位。当年另外一个实验则表明刺激穴位可以让人体的可的松水平立即下降 24%~50%，而可的松是人体中与紧张有关的激素。

关于这样的实验还有很多，有些规模非常大，整体的结果都表明 EFT 相对于西方主流心理疗法效果显著，即使是 CBT 这类名气极大的心理疗法与 EFT 相比仍旧相形见绌。

EFT 包括两个部分：心理暗示和穴位按摩。心理暗示大家应该都明白，就是一些接纳现状并且积极开创未来的自我暗示语句，这个大家可以各自的需要和实践去制作简单脚本，不用太复杂，两三句话即可。穴位按摩可以采用敲击，也可以采用揉按，用艾条来灸也是可以的，重点是刺激到穴位。对于没有专业知识的人来讲，不能用攻击性的力度，也不能采用针，因为这些有可能造成意外的伤害，适度的按摩和敲击是没有问题的。

下面我们逐一介绍 EFT 的十三大穴位，虽然不同的 EFT 技术在穴位的选取上存在细微的差别，但是整体上是差不多的，比如后溪穴、人中穴、瞳子髎穴等穴位基本上都会用到。每个穴位都有独特的情绪平衡作用，但是作为一个整体来使用则会效果更好。

第一个要穴是后溪穴（见附图 2-1），该穴属于手太阳小肠经，又是八脉交会的穴位，与督脉相通，敲击可以振奋一身的阳气，对于颈椎病有很好的疗效，大家可以试一试，效果真的非常好。通过敲击这一穴位，可以让全身的阳气加强运行，为整个能量网络的通畅提供能量。

后溪穴激发整个能量系统的活力。

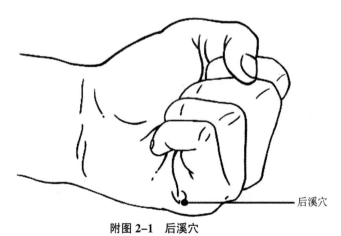

附图 2-1　后溪穴

资料来源：互联网。

百会穴对治恐惧情绪。

第二个要穴是百会穴（见附图2-2），有些EFT治疗师倾向于将该穴的敲击放在最后，比如梅洛迪·坎特纳（Melodie Kantner）。百会穴属于督脉，与瑜伽所谓的顶轮有很大的关系。百会穴有百脉交会于此的意思，因此该穴对于整个能量系统都有很大的影响。在EFT理论框架中，百会穴对于平衡恐惧情绪有很好的作用。在中医理论中，百会穴具有很好的镇静安神的作用。但是，这个穴位也属于武功点穴中的要害，不能用很大的力气重击。

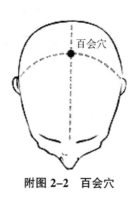

附图2-2　百会穴

资料来源：互联网。

攒竹穴对治焦虑情绪。

第三个要穴是攒（cuán）竹穴（见附图2-3），该穴属于足太阳膀胱经，而膀胱经有很大一部分循行于督脉两旁。足太阳膀胱经是能量系统中最大的排毒通道，对于疏导淤积点有很大的意义。在EFT理论框架中，这一穴位对于治疗焦虑情绪特别有效，因为焦虑情绪会阻塞能量流经这一穴位。

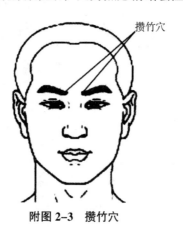

附图2-3　攒竹穴

资料来源：互联网。

第四个要穴是瞳子髎（liáo）（见附图 2-4），该穴位属于足少阳胆经与足厥阴肝经互为表里，构成一个能量子循环。肝胆经出现问题，最容易愤怒和惊恐，两者往往同时出现。对于该穴而言，能量淤积时会导致惊恐，因此敲击和按摩该穴位可以平衡此种情绪。在交易中，特别是短线盯盘的交易者，容易为行情的起伏所影响，久而久之容易形成心悸怔忡的症状。

瞳子髎穴对治胆小和惊慌情绪。

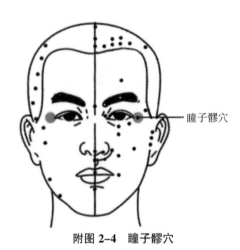

附图 2-4　瞳子髎穴

资料来源：互联网。

第五个要穴是承泣穴（见附图 2-5），该穴属于足阳明胃经，有胃气则生，无胃气则死，胃气是人气后天之本，肾气为人先天之本。脾气上升，胃气下降，上升的目的是让精华向上，下降的目的是让糟粕排出。该穴在 EFT 理论框架中与抑郁情绪关系密切，压力大、抑郁的人容易得慢性胃病。

承泣穴对治抑郁情绪。

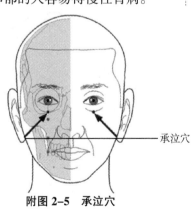

附图 2-5　承泣穴

资料来源：互联网。

人中穴对治浮躁情绪。

第六个要穴是人中穴（见附图2-6），属于督脉的穴位，但实际上衔接了督脉和任脉这一能量子循环系统。当督脉阳气在上浮越，却不能进入任脉的时候，人可能就昏迷了，轻的时候就是浮躁，所以在EFT理论框架中该穴对于治疗浮躁很有效果。现代社会非常浮躁，做交易的人也是如此，很难静下心来研究，因此很难成功。

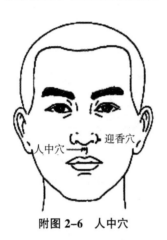

附图2-6 人中穴

资料来源：互联网。

承浆穴对治自卑情绪。

第七个要穴是承浆穴（见附图2-7），这个穴位属于任脉，属于任脉与足阳明胃经的交会穴，中医当中该穴有镇静安神的作用。在EFT理论框架中，该穴与自卑情绪关系密切。该穴位于下巴处，而一个人抬起下巴是什么意思呢？其实，人自身就有调节能量的潜意识。

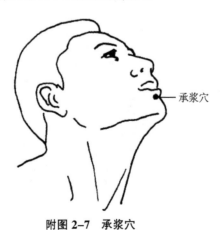

附图2-7 承浆穴

资料来源：互联网。

第八个要穴是俞府穴（见附图 2-8），别名腧中穴。该穴位于胸部，当锁骨下缘，前正中线旁开 2 寸，为人体足少阴肾经上的主要穴道之一。这个穴位是体表经络与体内经络的接口，因此能量在该穴位处出现淤积会导致内外能量交流不畅，进而导致内心的空虚和依赖上瘾。有一类人不停地寻找然后又放弃一种交易策略，到处寻找秘诀，却静不下心来对某一策略进行一段时间的坚持和改进，这就是空虚的具体体现。

俞府穴对治空虚。

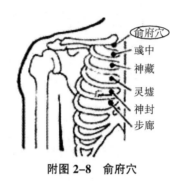

附图 2-8　俞府穴

资料来源：互联网。

第九个要穴是渊腋穴（见附图 2-9），渊腋穴是足少阳胆经的常用腧穴之一，位于腋中线上，腋下 3 寸，第 4 肋间隙中。在中医理论中，该穴理气行瘀。这个穴位对于心绞痛急救也有很大的好处，与大包穴功能类似。该穴淤积时，容易出现猜忌和妒忌情绪。

该穴与瞳子髎穴都属于胆经，本穴对治猜忌和妒忌情绪。

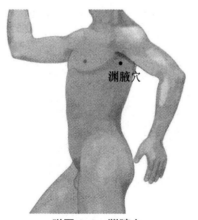

附图 2-9　渊腋穴

资料来源：互联网。

第十个要穴是库房穴（见附图2-10），属足阳明胃经。库房，储物之仓也，地面建筑之物也。该穴名意指胃经气血中的五谷精微物质在此屯库。在胸部，当第1肋间隙，距前正中线4寸。在EFT理论框架中，该穴与平衡挑剔和埋怨情绪有关。交易不顺，怨天尤人，这是每个交易者都会经历的，如何对治，该穴就是良方之一。

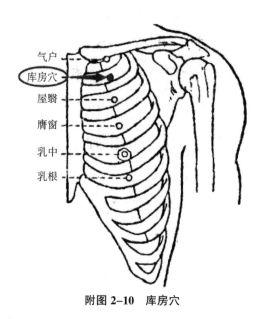

附图2-10　库房穴

资料来源：互联网。

第十一个要穴是膻（dàn）中穴（见附图2-11），在前正中线上，两乳头连线的中点。该穴属于任脉，但是与很多静脉交会，中丹田大概位于此处。在EFT理论框架中，该穴与愤怒有关。愤怒淤积也可以通过太冲穴缓解，这个方法我们经常用，每天睡觉前按摩下太冲。膻中穴不能子时重击，此处为要害穴位，只能轻揉。

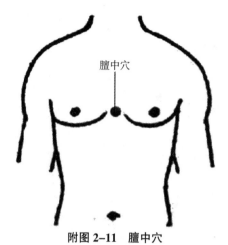

附图 2-11　膻中穴

资料来源：互联网。

第十二个要穴是气海穴（见附图 2-12），这个地方也被称为丹田或者下丹田。该穴位于下腹部，前正中线上，当脐中下1.5 寸。取穴时，可采用仰卧的姿势，气海穴位于人体的下腹部，直线连接肚脐与耻骨上方，将其分为十等份，从肚脐 3/10 的位置，即为此穴。在 EFT 理论框架中，该穴与怨恨有关。

气海穴对治怨恨。

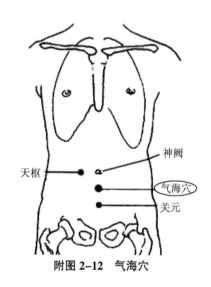

附图 2-12　气海穴

资料来源：互联网。

第十三个要穴是乳根穴（见附图 2-13），属于足阳明胃经穴位，位置在乳头直下，乳房根部，当第 5 肋间隙，距前正中线 4 寸。在 EFT 理论框架中，该穴与内疚和羞愧有关。

乳根穴对治内疚和羞愧。

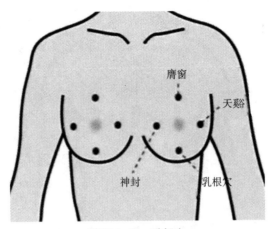

附图 2-13 乳根穴

资料来源：互联网。

短线交易对于人的能量系统损害很大，及时通过 EFT 进行修复是必要的，坚持每天至少两遍 EFT，每遍将 13 个穴位敲 10 分钟左右。坚持！你很快就会看到效果！心态好是交易成功的必要条件，如何做到心态好，市面上的交易心理学书都拿不出实际有效的方法，只能让你自己看淡一点，积极一点，其实不具有可操作性，而 EFT 让你可以很容易做到心态好。能够落地的技术才是真正的好技术，否则都是不可证伪的空话。

（本文摘选改编自《黄金短线交易的 24 堂精品课：超越 K 线战法和斐波那契技术》）

附录 3

A 股的历次牛市与熊市

要想成功研判未来的 A 股大势，我们有必要回顾下历史，看看 A 股历史上最大的几次牛市与熊市。牛市有八次，熊市有八次。

第一次牛市中，上证指数从 95.79 点上涨到 1429.01 点，涨幅为 1391.8%（见附图 3-1），深证成指从 396.52 点上涨到 2918.09 点，涨幅为 635.9%（见附图 3-2）。1990 年 12 月 19 日上海证券交易所成立，一年内仅有 8 只股票，人称"老八股"。当时股票交易前先手工填写委托单，被编到号的人才有资格拿到委托单，能买到股票等于中了

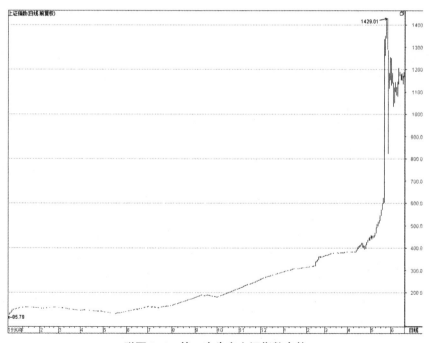

附图 3-1　第一次牛市上证指数走势

附图3-2　第一次牛市深证成指走势

头彩。因为没人愿意抛出，就使得沪指从1990年12月开始计点后一路上扬，造就了第一次牛市。1992年5月21日，上证所取消涨停板，将牛市推至顶峰，当日指数狂飙到1266.49点，单日涨幅105%，这一纪录至今未破。

第二次牛市中，上证指数从386.85点上涨到1558.95点，涨幅为301%（见附图3-3），深证成指从1529.21点上涨到3422.22点，涨幅为123.8%（见附图3-4）。1992年，中国的改革开放到了一个坎儿上，资本市场既有"5·21"的暴涨又有"8·10"的暴动，但中国经济发生了一件大事，那就是邓小平南方谈话。邓小平的南方谈话中，有关股市未来怎么发展的问题成为一大热点，而他讲话里最重要的是"坚决地试"这四个字。11月17日，天宸股份人民币股票上市，沪指完成最后一跌，第二轮牛市启动。三个月内快速上涨，301%的涨幅至今仍为股民津津乐道。

第三次牛市中，上证指数从325.89点上涨到1052.94点，涨幅为224.4%（见附图3-5），深证成指从944.02点上涨到2162.75点，涨幅为129.1%（见附图3-6）。1993~1994年，我国宏观经济偏热并引发紧缩性宏观调控，同时A股实现了一次大规模的扩容，使得大盘一蹶不振地持续探底，证券市场一片萧条，1994年7月29日大盘创下325.89点的最低点。7月30日（周六）相关部门出台三大利好救市，1994年8月1日沪指跳空高开，第三次牛市启动。井喷行情随即展开，市场在不到30个交易日的时间上涨至 1052.94 点。

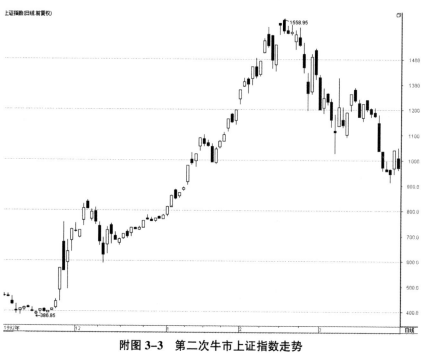

附图 3-3　第二次牛市上证指数走势

附图 3-4　第二次牛市深证成指走势

附图 3-5　第三次牛市上证指数走势

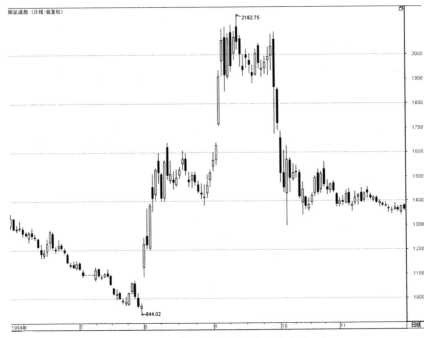

附图 3-6　第三次牛市深证成指走势

第四次牛市中，上证指数从 524.43 点上涨到 926.41 点，涨幅为 76.6%（见附图 3-7），深证成指从 1018.54 点上涨到 1473.29 点，涨幅为 44.6%（见附图 3-8）。1993~

附图 3-7　第四次牛市上证指数走势

附图 3-8　第四次牛市深证成指走势

1995 年，我国为了大力发展国债市场，开设了国债期货市场，立即吸引了几乎 90% 的资金，股市则持续下跌。1995 年 2 月，"327"国债期货事件发生；5 月 17 日，中国证监会暂停国债期货交易，在期货市场上呼风唤雨的资金短线大规模杀入股票市场，掀起了一次短线暴涨。第四次牛市的最后 3 个交易日，股指从 582.89 点涨到 926.41 点，这三天的涨幅高达 60.5%。

第五次牛市中，上证指数从 512.83 点上涨到 1510.17 点，涨幅为 194.5%（见附图 3-9），深证成指从 924.33 点上涨到 6103.62 点，涨幅为 560.3%（见附图 3-10）。经过连续的下跌，1996 年 1 月股市终于开始走稳，最低点已经跌到 512.83 点，新股再次发行困难，管理层被迫停发了新股，而政策也开始偏暖，券商资金面开始宽裕，各路资金也开始对优质股票进行井井有条的建仓。第五次牛市启动，崇尚绩优开始成为主流投资理念。火爆行情非同寻常，管理层连发 12 道金牌亦未能阻止股指上扬，直到 1997年 5 月 10 日（周六）印花税由 3‰上调至 5‰。

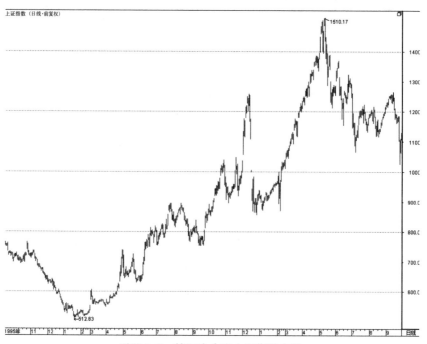

附图 3-9　第五次牛市上证指数走势

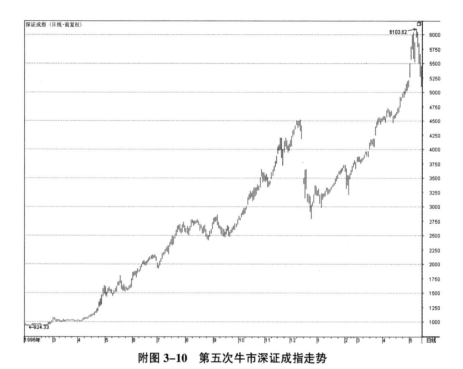

附图3-10　第五次牛市深证成指走势

第六次牛市中，上证指数从1047.83点上涨到2245.43点，涨幅为114.3%（见附图3-11），深证成指从2521.08点上涨到5091.46点，涨幅为102%（见附图3-12）。第六

附图3-11　第六次牛市上证指数走势

附图 3-12　第六次牛市深证成指走势

次牛市俗称"5·19"行情。由于管理层容许三类企业入市，到 1999 年 5 月，主力的筹码已经相当多了，市场对今后将推出的一系列利好抱有很高的期望，5 月 19 日《人民日报》发表社论，指出中国股市会有很大发展，投资者踊跃入市。2000 年 2 月 13 日，证监会决定试行向二级市场配售新股，资金空前增加，网络概念股的强劲喷发推动沪指创下 2245 的历史最高点。

　　第七次牛市中，上证指数从 998.23 点上涨到 6124.04 点，涨幅为 513.5%（见附图 3-13），深证成指从 2590.53 点上涨到 19600.03 点，涨幅为 656.6%（见附图 3-14）。第七次牛市起点来自 2005 年 5 月股权分置改革启动，开放式基金大量发行，人民币升值预期，带来的境内资金流动性过剩，资金全面杀入市场。而之后伴随着基金的疯狂发行和市场乐观情绪，"5·30"调高印花税都没能改变市场的运行轨迹，一路冲高至 6124.04 点。此轮牛市曾被媒体称为全民炒股的时代。

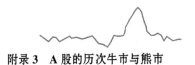

附图 3-13　第七次牛市上证指数走势

附图 3-14　第七次牛市深证成指走势

第八次牛市中，上证指数从 1664.93 点上涨到 3478.01 点，涨幅为 108.9%（见附图 3-15），深证成指从 5577.23 点上涨到 13943.44 点，涨幅为 150%（见附图 3-16）。伴

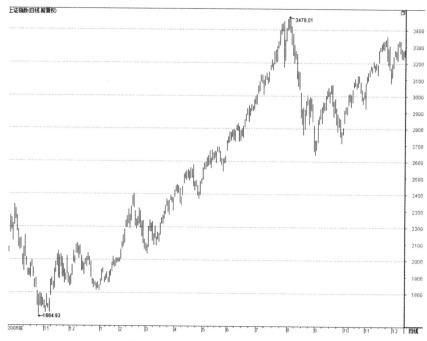

附图 3-15　第八次牛市上证指数走势

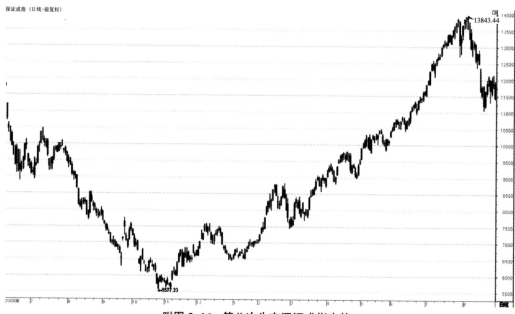

附图 3-16　第八次牛市深证成指走势

随着四万亿投资政策和十大产业振兴规划，A股市场掀起了新一轮大牛市，股价从1664点涨至3478点，在不到10个月的时间里股价大涨109%。2009年3月3日后的逼空上涨性质能与2006年和2007年的超级疯牛相媲美。即使IPO重启这样特大利空也未能改变牛市的前进。直到2009年7月29日第一只大盘股上市和紧缩的宏观政策才阶段性结束了第八次牛市。

接着我们介绍下几次大熊市，第一次大熊市从1992年5月到1992年11月，上证指数从1429.01点跌至386.85点，历时5个月，最大跌幅72%（见附图3-17）。1992年5月21日，沪市突然全面放开股价，大盘直接跳空高开到1260.32点，较前一天涨幅高达104.27%，上证指数当天从616点飙升至1265点，三天后冲高至1420点，股票价格一飞冲天，其中，5只新股市价面值狂飙2500%~3000%，上证指数首度跨越千点。1992年6月12日，股票交易印花税税率调高至3‰，当天市场没反应，盘整一月后从1100多点跌到300多

第九次大牛市从2014年6月持续到2015年6月，对于这轮牛市的内在机理大家认为是什么呢？

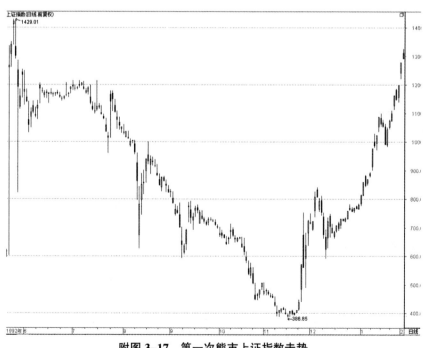

附图3-17　第一次熊市上证指数走势

点。1992年8月10日，深圳发售新股认购抽签表，发生震惊全国的"8·10"风波，之后三天，上海股市受此影响暴跌22.2%，上证指数跌了400余点，与5月25日的1420点相比净跌640点，两个半月内跌幅达到45%。1992年11月17日，上海联农股份有限公司（天宸股份：600620）人民币股票上市，当日沪指跌至386.85点，收盘393.52点，完成最后一跌。此后，股指一路上行，至1993年2月16日，收在1558.95点，涨幅296.16%。

第二次大熊市从1993年2月到1994年7月，上证指数从1558.95点跌至325.89点，历时18个月，最大跌幅达79%（见附图3-18）。1993年2月16日上海"老八股"宣布扩容，上证指数从1558.95点一直下泄到1994年7月29日的最低325.89点，跌幅达79.10%。1994年7月29日，《人民日报》刊登证监会和国务院有关部门稳定和发展股票市场的措施（年内暂停新股发行上市；严控上市公司配股规模；采取措施扩大入市资金范围），昭示1993年上半年熊市后管理层的坚定信心，引起8月狂潮，俗称"三大政策"，上证指数从当日收盘的333.92点涨至1994年9月13日的1052.94点，涨幅达215.33%。

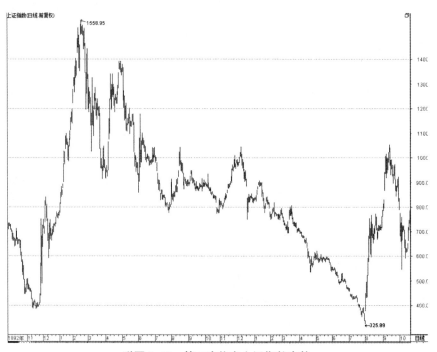

附图 3-18　第二次熊市上证指数走势

第三次大熊市从 1994 年 9 月到 1995 年 2 月，上证指数从 1052.94 点跌至 524.43 点，最大跌幅达 50.1%（见附图 3-19）。

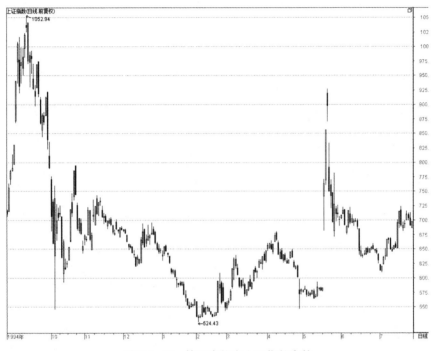

附图 3-19　第三次熊市上证指数走势

第四次大熊市从 1995 年 5 月到 1996 年 1 月，上证指数从 926.41 点跌至 512.83 点，最大跌幅达 45%（见附图 3-20）。1995 年 1 月 3 日实行 T+1 交易制度；1995 年 2 月 23 日，"327"国债期货事件爆发，5 月 17 日国债期货市场关闭，5 月 18 日股市井喷，5 月 19 日"327"事件始作俑者管金生被捕。1996 年 1 月 22 日，上证指数最低至 514.16 点，民间认为宏观调控即将结束。1996 年 5 月 2 日央行首次降息，上证指数从 516.46 点涨至 1258.69 点，涨幅 143.71%。

第五次大熊市从 1997 年 5 月到 1997 年 9 月，上证指数从 1510.17 点跌至 1025.13 点，最大跌幅达 32%（见附图 3-21）。1997 年 5 月 12 日，股票交易印花税税率从 3‰ 上调至 5‰，当天形成大牛市顶峰，此后股指下跌 500 点，跌幅达到 30%。1997 年 5 月 22 日，严禁三类企业（国有企业、国有控股公司与国有企业控股的上市公司）入市，股市开始进入长达两年的调整。1999 年 5 月 19 日，受美国股市网络股盛行影响，机构以《人民日报》社论为背景，展开了大幅单边逼空行情，上证指数从 18 日的 1059.87 点涨至 6 月 30 日的 1756.18 点，涨幅 65.70%，科技股初步实现井喷行情。

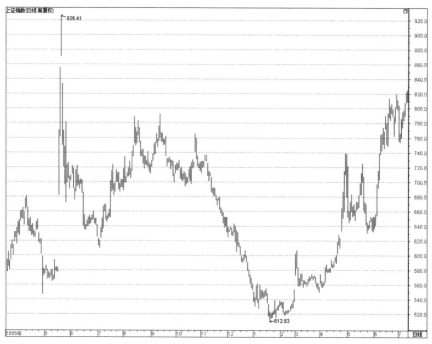

附图 3-20　第四次熊市上证指数走势

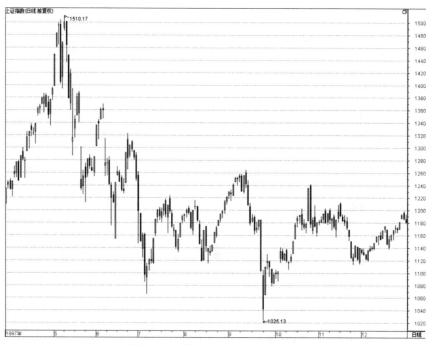

附图 3-21　第五次熊市上证指数走势

第六次大熊市从 1999 年 6 月到 2000 年 1 月，上证指数从 1756.18 点跌至 1341.05 点，历时 6 个月，最大跌幅达 22%（见附图 3-22）。1999 年 5 月 24 日证券公司增资扩股正式启动，湘财证券增资到 10 亿元。1999 年 9 月 9 日，证监会发文允许国有企业、国有资产控股企业、上市公司进入二级市场进行流通股票投资；12 月 29 日上证股指探底 1341 点，次年反弹行情再度启动，2000 年 2 月深市诞生亿安科技等百元股神话。

附图 3-22　第六次熊市上证指数走势

第七次大熊市从 2001 年 6 月到 2005 年 6 月，上证指数从 2245.43 点跌至 998.23 点，历时 48 个月，最大跌幅达 55%（见附图 3-23）。2001 年 6 月 14 日，国有股减持办法出台，26 日国有股减持公司浮出水面，上证指数从 14 日最高 2245.43 点下跌至 2002 年 1 月 22 日的 1348.79 点，跌幅 39.93%。2001 年 12 月 4 日，退市制度正式推出。2003 年 4 月，"非典"流行。2004 年 1 月，南方证券因违规经营，成为 2004 年首个被接管的券商，其后有 6 家问题券商先后被托管，证券公司面临前所未有的诚信危机。2004 年 2 月 2 日，《国务院关于推进资本市场改革开放和稳定发展的若干意见》（"国九条"）出台。2005 年 4 月 29 日，经过国务院批准，中国证监会发布了《关于上市公司股权分置改革试点有关问题的通知》，宣布启动股权分置改革试点工作；6 月 6 日，沪指见底 998.23 点。从 2005 年 7 月 21 日起，我国开始实行以市场供求为基础、参考一篮子货币进行调节、有管理的浮动汇率制度，人民币汇率不再钉住单一美元，形成更富弹性的汇率机制。人民币升值拉开序幕。

附图 3-23　第七次熊市上证指数走势

第八次大熊市从 2007 年 10 月到 2008 年 10 月，上证指数从 6124.04 点跌至 1664.93 点，历时 11 个月，最大跌幅 73%（见附图 3-24）。2007 年 10 月 9 日，国庆节长假过后第二天，中国神华上市，其董事长声称 69.30 元的收盘价市场定位偏低，导致"601 板块"全线飙升，中国神华连续三天涨停，市场演绎"中国神话"，"蓝筹泡沫"大

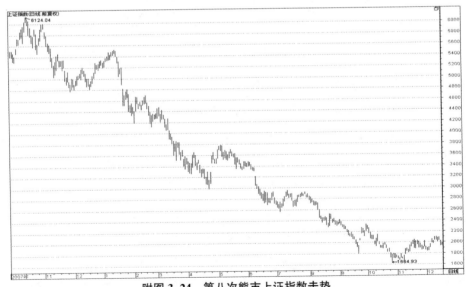

附图 3-24　第八次熊市上证指数走势

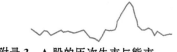

肆膨胀，上证指数 10 月 16 日见顶 6124.04 点。

　　2007 年 10 月 26 日中国石油网上发行，冻结资金 3.3 万亿元，募集资金达 668 亿元，创历史单只新股发行募集资金的最高纪录，红筹股集中回归拉开序幕；2007 年 11 月 5 日，中国石油登录上交所，当天上证指数跌 2.48%，市场面临估值危机。2007 年 11 月 28 日，美国楼市指标全面恶化，次贷危机开始波及全球。2007 年 12 月 3~5 日，中央经济工作会议在北京召开，这次会议首次将我国持续十年的货币政策基调从"稳健"调整为"从紧"，并将 2008 年宏观调控的首要任务定为防止经济增长过热和防止明显通货膨胀，股市拉开调整序幕。2008 年 1 月，新春来临之际，中国南方大部分地区发生雪灾。2008 年 1 月 21 日，中国平安发布巨额增发再融资计划，当天上证指数大跌 5.14%，次日暴跌 7.22%，跌破 5000 点整数关。2008 年 2 月 21 日，浦发银行发布公告证实巨额增发再融资传闻，上证指数连续下跌五天逼近 4000 点整数关。2008 年 3 月 5 日，中国平安再融资 1200 亿元现场表决通过，上证指数持续走低。2008 年 4 月 20 日，中国证监会发布《上市公司解除限售存量股份转让指导意见》，规范"大小非"限售解禁股减持，市场恐慌加剧，上证指数跌破 3000 点整数关。2008 年 4 月 24 日，股票交易印花税税率从 3‰调整为 1‰，沪深股市当天爆发"4·24"井喷行情，两地股指分别大涨 9%以上，出现千股涨停美景。2008 年 5 月 12 日 14 时 28 分，四川汶川发生里氏 8.0 级大地震，其间有公募基金砸盘出货导致上证指数 5 月 20 日暴跌 4.48%，虽然受到了证监会的点名批评，但无形中加剧了市场恐慌情绪和"大小非"减持步伐。2008 年 6 月 5 日，证监会发审委审议通过了中国建筑 120 亿股 IPO 申请，上证指数再次跌破 3000 点，走出历史上罕见的"十连阴"。2008 年 8 月 8 日，百年一遇的北京奥运会开幕，受中国南车等新股扩容影响，上证指数当天大跌 4.47%，次日暴跌 5.21%，跌破政策维稳构筑的 7 月箱体。2008 年 9 月 15 日，美国第四大投资银行雷曼兄弟公司递交破产保护申请，工行、中行、建行、交行、招行、中信、兴业 7 家上市银行受牵连，上证指数跌破 2000 点，最低见 1802.33 点。2008 年 9 月 18 日，经国务院批准，财政部宣布股票交易印花税改为单边征收，税率仍然为 1‰；中央汇金公司宣布将增持工行、中行、建行股票；国资委主任李荣融表示支持央企回购上市公司股票。受此三大实质性救市利好刺激，次日沪深两地市场 A 股、B 股、权证、基金全线涨停，开盘后一小时两地股指处于准涨停状态，周一两地再度放量大涨。此后上证指数继续下跌，直到四万亿元刺激措施和宽松的货币政策被"祭出"，股指从 1664.93 点开始回升。

　　通过对 18 年来中国股市的大起大落进行梳理，我们可以看到，**多数情况下股市持续性下跌跟二级市场扩容密切相关**，其实就是供给持续大幅增加会导致股指持续下

跌。具体而言，比如 1992 年的天宸股份上市，1993 年的"老八股"扩容，1999 年的湘财证券增资扩股，2001 年的国有股减持，2007 年的中石油等红筹股回归，2008 年的巨额再融资以及 IPO，等等，都成为了股指大跌或者继续下挫的主要因素。熟读这些历史让我们得出一个概率性的总结：**当二级市场扩容加速度的时候，距离股指见顶已经近在眼前。反过来，当二级市场扩容行为导致市场泡沫急遽减少、整体估值水平大幅降低的时候，距离大盘见底也就不远了。**

（本文摘选改编自《股票短线交易的 24 堂精品课：超越技术分析的投机之道》）

附录 4

下跌趋势潜在反转处的买入法

本文我将要讲解扩展点位在个股走势上的运用，所谓**抄底和摸底就是扩展点位的具体功能**。如果抄底，特别是大底，直接关系到下跌趋势的反转点确认。斐波那契向下扩展点位可以列出潜在的反转点，如果我们能够结合价量形态以及题材，再加上必要的止损，那么长期下来盈利的概率就会很高。

斐波那契向下扩展点位相当于比率，也就是"数"，而 K 线形态和 N 字结构，则相当于"象"，如果再考虑个股是否处于"最后一次利空兑现"格局或者是"持续利多开始"格局，则可以有相当大的把握去抄底。

本文围绕"斐波那契向下扩展点位"展开，什么是向下扩展点位呢？请看附图 4-1，AB 段是第一波下跌（严格来讲是倒数第二波下跌），然后出现了反弹 BC 段，此后股价继续下跌。CD 段下跌的终点 D 究竟在什么价位出现呢？大多数情况下都在某一斐波那契向下扩展点位出现。

我们设定 AB 段的价格幅度为单位 1，以 C 点作为起点向下投射/扩展，CD 段往往等于 AB 段的斐波那契倍数。常用的斐波那契倍数有 0.382、0.618、1、1.382、1.618、2.618 等，我们从中做了进一步的筛选和简化，你可以根据自己实践的情况和偏好进行适当调整。

个股抄底能够成功，除了关注斐波那契四度模型特征之外，还要关注大盘，这是非常关键的，大盘不企稳，个股企稳的难度很高，另外个股的题材格局也很关键。

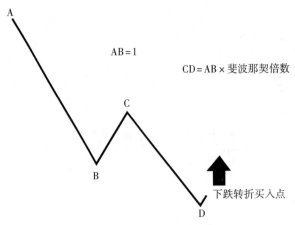

附图 4-1　下跌转折买入点

　　下跌转折买入点的判断单就技术面（行为面）而言，需要从四个维度去分析，第一个维度是斐波那契扩展点位，第二个维度是 K 线形态，第三个维度是成交量形态，第四个维度是 KD 指标。这四个维度都出现看涨反转信号是最好的，由于看涨反转信号非常多，我们这里只介绍比较常见的。例如，就成交量而言，低位天量十字星或者探水杆是止跌反转信号，而地量后放量阳线也是止跌反转信号，所以并不局限于单一的信号。下面，我们将依次介绍下跌转折买入时机在四个维度的特征。

　　我们利用斐波那契向下扩展点位获得潜在的下跌转折买入时机，获得的点位是一个谱系，也就是说并非单一的点位，而是一系列点位，然后观察价格在哪一个点位附近出现止跌反转的形态，最终确定最可能的下跌反转点。斐波那契向下扩展点位有很多，但是我们这里给出的都是实际情形中最常见的点位。离零点，也就是扩展起点 C 太近的斐波那契扩展点位没有必要关注，比如 0.121、0.236 这类点位就没有必要去关心了，实际意义不大。

　　0.382 向下扩展点位在 AB 段幅度比较大的情况下值得关注，最后一跌经常作为最悲观的一段出现，这个时候跌势很猛，但是下跌幅度却没有此前的幅度大，属于加速下跌，但是幅度要小于 AB 段。我们来看两个例子：第一个例子是江西

相应的 K 线止跌反转信号是看涨孕线接光头中阳线。

铜业，A 点出现流星线和纺锤线（近似十字星）之后，股价快速下跌，在 B 点出现反弹，BC 段其实是三角形整理，属于下跌中继形态。从 C 点开始，股价出现加速下跌，跌停出现，这是恐惧的表现。最终，股价在 0.382 附近止跌企稳（见附图 4-2）。

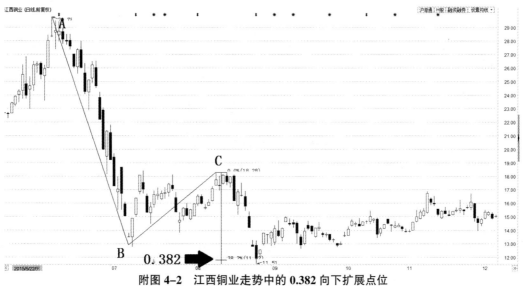

附图 4-2　江西铜业走势中的 0.382 向下扩展点位

第二个 0.382 向下扩展点位起作用的例子是银河磁体，在 A 点出现看跌吞没形态之后，股价一路下跌。股价此后在 B 点企稳反弹，反弹出现了三个高点，从 C 点之后开始加速下跌，最终在 0.382 向下扩展点位处企稳（见附图 4-3）。

0.618 向下扩展点位比 0.382 出现的频率更高，这或许是更多资金对这一点位重视的缘故吧。我们来看几个具体的例子：第一个例子是中天城投，股价从 A 点下跌，到 B 点反弹。反弹高点见到 C 点之后开始新一轮下跌，一直下跌到 0.618 点位企稳（见附图 4-4）。

反转处出现了三重底，其间出现了复杂的早晨之星等反转 K 线形态。

由于波段之间存在斐波那契比率关系，因此就算不是相邻的波段，也因为传递效应，而存在斐波那契比率关系。因此，在选择单位 1 波段的时候，没有必要过于纠结。

企稳处对应十字星。

附图 4-3　银河磁体走势中的 0.382 向下扩展点位

附图 4-4　中天城投走势中的 0.618 向下扩展点位

　　AB 段是由一些更小的波段组成的，在选择单位 1 波段的时候，如果你选择了 A 点下面一个高点，B 点不变，以 C 点作为向下扩展的起点。现有的企稳点也会对应某一斐波那契点位，要比 0.618 更大的点位。

　　第二个涉及 0.618 向下扩展点位的实例是中钢天源，股价从 A 点下跌到 B 点，然后反弹到 C 点。股价从 C 点开始第二轮显著下跌，在 0.618 向下扩展点位处获得支撑（见附图 4-5）。

附图 4-5　中钢天源走势中的 0.618 向下扩展点位

涉及 0.618 向下扩展点位的第三个实例是艾派克，A 点附近出现双顶，然后股价下跌，B 点附近出现小双底后反弹，C 点反弹结束。从 C 点下跌到 0.618 点位附近出现三重底，然后股价开始回升（见附图 4-6）。

附图 4-6　艾派克走势中的 0.618 向下扩展点位

最后一个 0.618 向下扩展点位的实例是孚日股份，A 点出现乌云盖顶和流星形态之后，股价转跌。下跌到 B 点处出现看涨吞没，股价反弹。反弹到 C 点附近开始新一轮

下跌，在 0.618 点位处获得支撑（见附图 4-7）。

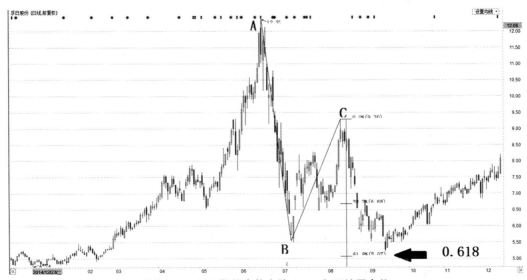

附图 4-7　孚日股份走势中的 0.618 向下扩展点位

1 倍扩展也叫 1 倍延伸，属于较常见的点位。

1 倍延伸与 0.618 扩展点位一样，出现频率较高，是我们重点关注的潜在反转点位。曾经有人写了很厚一本书，专门讲这个 1 倍扩展/延伸，好像发现了什么惊天大秘密似的。其实，1 倍延伸并不玄乎，你可以自己动手去计算下个股上涨和下跌过程中有多少 1 倍延伸。我们来看几个实例：第一个实例是吉恩镍业，A 点出现流星，恰好对应前面一个高点，前面也是一个流星，由此可见此处的阻力有多强。A 点下跌到 B 点，然后反弹到 C 点，C 点要比 A 点矮一些，但是仍处于大致相同的区域。股价受阻再度下跌，在差不多 1 倍扩展处获得支撑（见附图 4-8）。

1 倍向下扩展第二个实例是神雾环保，A 点出现看跌吞没之后，股价反转下跌。B 点出现刺透形态，止跌反弹，C 点处出现流星，然后股价重回跌势。下跌到 1 倍向下扩展处出现了三重底，股价进入上升走势（见附图 4-9）。

一般而言，K 线形态出现得更早，而比如双底和三重底这样的形态需要更长时间来确认。所以，K 线形态实际操作中用得更多。

附图 4-8　吉恩镍业走势中的 1 倍向下扩展点位

附图 4-9　神雾环保走势中的 1 倍向下扩展点位

1 倍向下扩展第三个实例是恒宝股份，在 A 点乌云盖顶形态出现，股价开始下跌。在 B 点开始反弹，C 点出现黄昏之星叠加看跌吞没，开始新一轮跌势。在 1 倍向下扩展点位处出现了三重底部，止跌回升（见附图 4-10）。

附图 4-10　恒宝股份走势中的 1 倍向下扩展点位

无论是头肩底还是三重底，其结构都并不规范，理想中的结构基本上只存在于理论模型中。

1 倍向下扩展第四个实例是创意信息，A 点附近出现了锤头、十字星和流星线之后股价下跌。下跌到 B 点，开始反弹，反弹到 C 点出现看跌吞没，股价重启下跌。下跌到 1 倍向下扩展点位处出现了头肩底形态，股价进入上涨趋势（见附图 4-11）。

附图 4-11　创意信息走势中的 1 倍向下扩展点位

最后一个比较重要的向下扩展点位是 1.618，这是一个相比 0.618 和 1 倍点位更少见的向下点位。我们只给一个例子，博林特从高位下跌，然后再度下跌形成 AB 段。B 点反弹到 C 点，出现流星线之后继续下跌，在 1.618 点位处止跌企稳（见附图 4–12）。

比 1.618 更大的斐波那契比率有 2.382、2.618、3.618 等，但是没有 1.618 出现频率高。

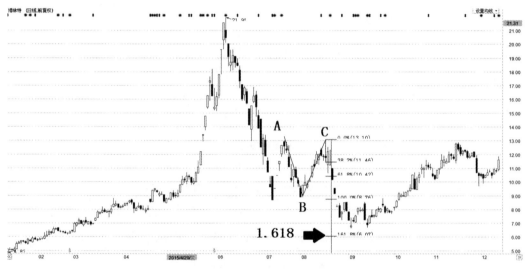

附图 4–12　博林特走势中的 1.618 倍向下扩展点位

下跌转折买入时机的确认不能只看斐波那契向下扩展点位，因为点位并非唯一。四度斐波那契交易法，如果只保留两个维度，那肯定是斐波那契点位和 K 线。当我们绘制出向下扩展线谱之后，就要等待价格发出确认信号，这就是 K 线的作用。当然，除了 K 线之外，其他类型的价格形态也可以作为确认信号，比如美国竹节线的形态信号，比如双底等的形态信号。如果说斐波那契线谱代表了市场运行的"数字规律"，那么这些形态信号则意味着"图形规律"。

下面，我们就要看一下，抄底的时候，哪些 K 线形态非常有效。首先要介绍的是看涨孕线确认向下扩展点位的实例。乐普医疗从 A 点开始下跌，在 B 点见十字星等看涨反转形态，反弹到 C 点，然后继续新一轮下跌。在 1 倍向下扩展点位处出现了看涨孕线，然后形成向上 N 字结构，确认了上升趋势（见附图 4–13）。

关于 N 字结构，分为两类，第一类是向上 N 字结构，第二类是向下 N 字结构。向上 N 字结构意味着向上趋势开始或者持续，向下 N 字结构意味着向下趋势开始或者持续。

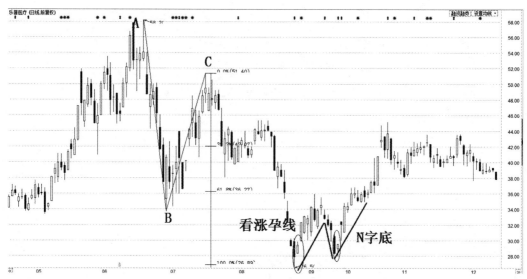

附图 4-13　向下扩展点位出现看涨孕线和 N 字底

看跌孕线和看涨孕线都属于提醒信号，需要后续的 K 线进一步确认。

看涨孕线的反转率没有看涨吞没反转率高，看涨孕线往往需要紧接着的一个中阳线或者大阳线来确认反转，而看涨吞没自身就能够确认反转。神州泰岳在 A 点见到看跌吞没之后，一路下挫。在 B 点见到锤头和倒锤头后反弹，C 点见到流星和看跌孕线再度下跌。下跌过程中先后出现了看涨孕线和看涨吞没，确认了 0.382 向下扩展点位的有效性（见附图 4-14）。

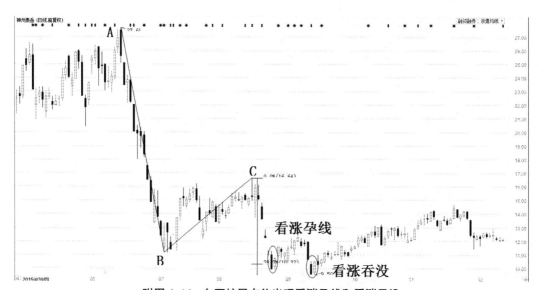

附图 4-14　向下扩展点位出现看涨孕线和看涨吞没

除了看涨孕线和看涨吞没，倒锤头也可以确认向下扩展点位的有效性，请看网宿科技的例子（见附图 4-15），该股在 A 点见到双流星线之后下跌，在 B 点反弹，在 C 点重启下跌。加速下跌之后，在 1.618 向下扩展点位处出现了倒锤头，抄底时机初步确认，还需要看成交量和 KD 指标。

在具体的实战中，为了进一步提高胜算率，还需要分析个股题材和大盘走势。

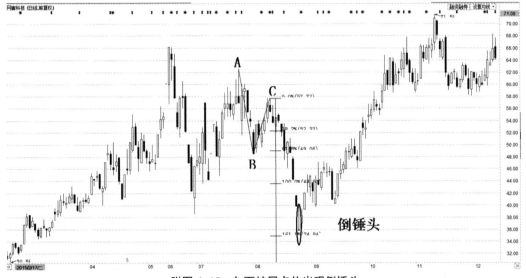

附图 4-15　向下扩展点位出现倒锤头

确认向下扩展点位最有效的 K 线形态是早晨之星和看涨吞没，我们来看几个具体的实例。鸿利光电从 A 点开始下跌，B 点反弹，C 点重新开始下跌，早晨之星在 0.618 向下扩展点位处出现，初步确认了反转点（见附图 4-16）。

A 点附近其实是一个小双顶，也可以看成是向下 N 字结构。

科融环境在 A 点附近见到流星形态，前高的阻力显而易见，此后接连下挫，B 点开始反弹，C 点见到复杂黄昏之星形态后重新下跌。在 1 倍向下扩展点位处见到复杂的早晨之星形态，初步确认了看涨反转点（见附图 4-17）。

股票趋势研判术：顶级交易员深入解读

附图 4-16　向下扩展点位出现早晨之星

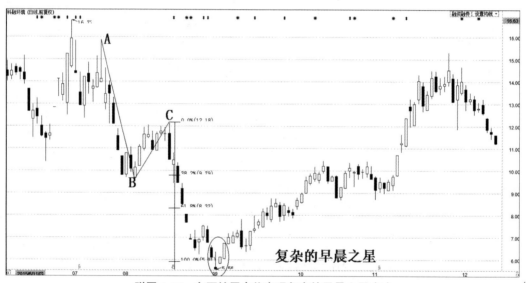

附图 4-17　向下扩展点位出现复杂的早晨之星（1）

科斯伍德在 A 点是一个反弹高点，见到复杂的黄昏之星之后再度下跌。

科斯伍德从 A 点开始新一轮下跌，B 点反弹，C 点出现黄昏之星后再度下跌，在向下 1 倍扩展点位处见到复杂的早晨之星形态，初步确认了抄底点位（见附图 4-18）。

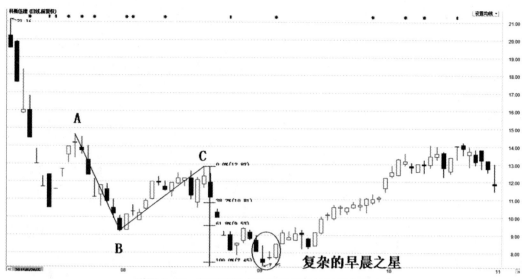

附图 4-18 向下扩展点位出现复杂的早晨之星（2）

前面介绍其他形态对向下扩展点位的确认时，已经出现过看涨吞没，这个形态非常高效，值得我们专门演示一些具体的例子。新宙邦在 A 点形成看跌孕线并经阴线确认后一路下跌，在 B 点开始反弹，在 C 点出现黄昏之星之后，股价再度回归跌势。下跌过程中在 1 倍向下扩展点位处出现了看涨吞没，股价企稳，初步确认了抄底机会（见附图 4-19）。

看涨吞没是在刺透形态的基础上进一步发展出来的，比刺透形态的看涨意味更加浓厚。

附图 4-19 向下扩展点位出现看涨吞没（1）

再来看第二个看涨吞没确认向下扩展点位的实例。梅泰诺在 A 点见到黄昏之星之后，股价一路下跌，B 点见到看涨吞没后反弹，在 C 点见到流星后反弹结束，重回跌势。股价跌到 1 倍向下扩展点位的时候，出现了看涨吞没，初步确认了抄底机会（见附图 4-20）。

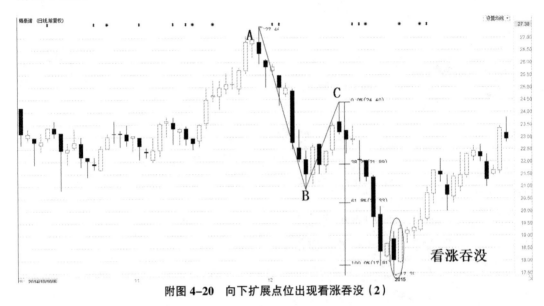

附图 4-20　向下扩展点位出现看涨吞没（2）

大禹节水在 A 点不能破前高，出现滞涨的纺锤线形态，此后股价一路下跌，在 B 点见到早晨之星后反弹，最高涨到 C 点，然后再度下跌，在 1 倍向下扩展点位出现了小双底，而且期间出现了很多看涨 K 线形态，比如看涨吞没和倒锤头（见附图 4-21）。

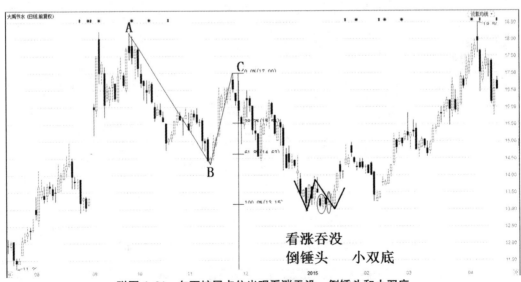

附图 4-21　向下扩展点位出现看涨吞没、倒锤头和小双底

我们再来看一些比较典型的见底确认形态。乐视网在 A 点见到流星之后下跌，B 点见到早晨之星后反弹，反弹到 C 点再度下跌，在 1 倍向下扩展点位处见到锤头。这个锤头如果下影线很长，则被称为探水杆（见附图 4-22）。

探水杆有很多别名，比如长脚十字、定海神针等。

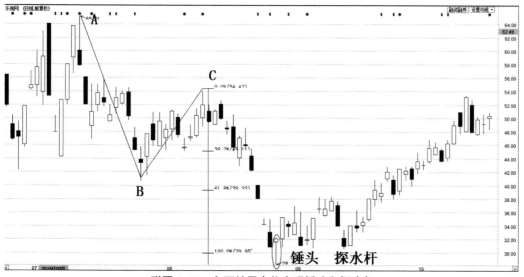

附图 4-22　向下扩展点位出现锤头和探水杆

中科电气下跌的反弹中形成高点 A，此后继续下跌，B 点开始反弹。反弹见到高点 C 之后再度下跌，在 1 倍向下扩展点位处出现了小双底，初步确认了抄底机会（见附图 4-23）。

双底是见得比较多的多 K 线组合，严格来讲属于西方技术分析的经典形态。

附图 4-23　向下扩展点位出现小双底

头肩底与三重底在实际走势中的区别并不明显，有一种比较特别的头肩底与三重底区别较大。这种特别的头肩底的左肩和右肩基本上是窄幅水平整理的成交密集区，这种头肩底向上突破后，涨势往往较大。

华测检测高位下跌后不久出现反弹，A 点附近重回跌势，连续跌停后，在 B 点开始新一轮反弹，反弹高点 C 出现之后股价又一次下跌。在 0.618 向下扩展点位处出现了头肩底，初步确认了抄底机会（见附图 4-24）。

附图 4-24　向下扩展点位出现头肩底

股票短线交易非常注重"共识预期"和"资金流向"，预期的共识程度越高，则行情越可能到头，而资金流向则表明了目前行情的热度。资金往哪里走，我们就操作什么。但是，资金往哪里走，需要一定的前瞻性，否则亦步亦趋是无法战胜对手盘的。

下跌转折买入时机的第三个分析维度是成交量，做股票没有不看量的，主力也要看量，特别是靠题材运作的主力。**成交量反映了资金的流向，资金往哪里走是短线炒家必须搞清楚的一件事情。** 资金往哪里走，主要涉及板块资金流向，对于个股而言，成交量的大小则反映了资金的进出和筹码的分布。为什么小盘股容易得到追捧？因为筹码少，来点资金就会"将盘子打飞"，由此来看，资金相对筹码的多寡往往对股价的走势起着非常关键的作用。

如何从成交量来确认抄底的机会呢？大家可以站在市场交易双方的角度来思考：持有筹码的一方想不想卖出？持有资金的一方想不想买入？持有筹码的一方是想逢高抛售，还是持股待涨，又或者是不计成本地脱手？持有资金的一方是想逢低买入，还是持币观望，又或者是不计成本地买入？绝大多数情况下，由于题材、大盘和市场氛围的影响，涨的时

候，卖家不愿意卖，或者想逢高卖，而买家则不计成本地追入；跌的时候，卖家不计成本地卖，而买家则想逢低买入或者持币观望。情绪最终又反过来影响个股的走势，但是主力要比散户更加理性，所以当抛压减少，缩量企稳之后，主力会择机进入，这个时候就容易放量阳线。简而言之，什么情况下抄底比较容易成功呢？第一，斐波那契向下扩展点位出现了看涨反转形态；第二，相应的成交量出现了缩量后放量的特征。缩量往往对应星体 K 线，比如锤头、探水杆、早晨之星中的星体等，放量则对应后续的确认阳线。

我们来看一些具体的实例。第一个实例是光线传媒，股价一路下跌，A 点是一个反弹高点，然后再度下跌，B 点反弹达到 C 点，然后再度下挫。最终，股价在 1.618 向下扩展点位处出现了企稳迹象，倒锤头和纺锤线出现了，然后阳线放量拉升。在纺锤线之前是缩量的，但是纺锤线本身是放量的，这表明多空在此激战，但是空方并没有像此前一样取胜，这就是转势的前兆（见附图 4-25）。

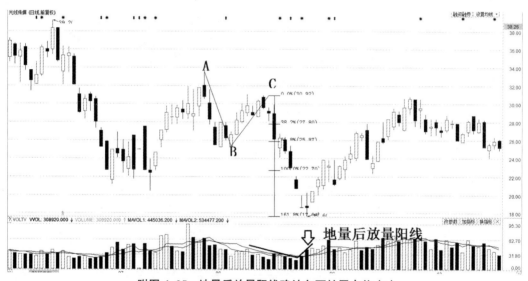

附图 4-25　地量后放量阳线确认向下扩展点位（1）

第二个实例是巴安水务，股价从高位下跌后一直宽幅震荡，然后从 A 点下跌到 B 点，之后反弹到 C 点。在 C 点处见到流星线之后，股价开始持续下跌，在 1 倍向下扩展点位处企稳，相应的成交量先缩量再放量阳线，抄底时机确认（见附图 4-26）。

附图 4-26　地量后放量阳线确认向下扩展点位（2）

第三个实例是阳光电源，股价在 A 点见到纺锤线叠加看跌吞没之后一路下跌到 B 点。从 B 点反弹到 C 点，然后股价分两段下跌，第一段下跌到 0.382 位置获得暂时支撑，有所反弹，股价不超过 C 点又拐头下跌。这次下跌到 0.618 向下扩展点位处，缩量企稳后放量阳线表明反转（见附图 4-27）。

附图 4-27　地量后放量阳线确认向下扩展点位（3）

极端缩量或者说地量被我们称为"窒息量"，主力见到这一状态之后，如果前期已经介入，那么此时就是拉升的好时机；如果前期还未介入，那么主力可能会选择介入，

这个就跟主力对题材和大盘的考虑有关了。那么，怎么看主力是否介入呢？缩量之后是否显著拉出放量阳线，这个非常关键。所以，抄底的时机当中必然包含成交量的成分，因为这是识别主力是否介入的关键。接下来我们看另外一个维度。

SKDJ 或者说 KD 代表了阶段性的市场情绪，当它处于超买区域的时候，意味着市场非常乐观，如果资金和题材不支持的话，那么就可能意味着**阶段性高点要出现了。当它处于超卖区域的时候，意味着市场非常悲观**，如果筹码和题材不支持的话，那么就意味着阶段性低点要出现了。KD 指标与共识预期的关系也比较密切，大家可以去观察下。当 KD 指标处于超买区域的时候，共识预期趋向于一致看好；当 KD 指标处于超卖区域的时候，共识预期趋向于一致看空。KD 指标本身体现了"物极必反"的规律，但是如果题材的力度非常大，那么钝化就会出现，只要资金和筹码能够继续推进，那么持续超买或者超卖也不是不可能。

就下跌转折买入时机而言，KD 指标应该处于什么状态，则胜算率比较高呢？超卖金叉是最基本的要求，另外由于至少有两段下跌，因此两个低点对应的 KD 只表现可能出现底背离的情况。我们来看一些具体的例子。第一个实例是鸿利光电，从 A 点开始下跌，B 点反弹，C 点重回跌势。最终，股价在 0.618 向下扩展点位处获得支撑，标志就是在 0.618 点位处出现了早晨之星。对应的 KD 指标有两个特征，第一个是底背离，这表明下跌动能不足，第二个则是超卖金叉（见附图 4-28）。

第二个实例是冠昊生物，股价跌到 1 倍向下扩展点位处出现了小双底，对应的 KD 指标有底背离迹象，同时也出现了超卖金叉特征（见附图 4-29）。

如果题材持续利空的话，那么即使短期抛出的筹码减少，也只会引发反弹而已。反弹到一定程度，又会引发新的抛盘，股价随之创出新低。如果题材持续利好的话，即使短期资金流跟不上，也只会引发阶段性回调，回调到一定程度，此前兑现筹码的资金和新资金就会进场，股价随着突破前高。

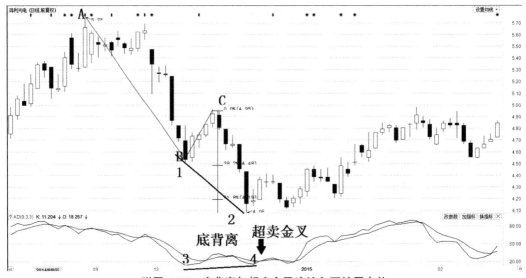

附图 4-28　底背离与超卖金叉确认向下扩展点位

附图 4-29　超卖金叉确认向下扩展点位（1）

　　第三个实例是金运激光，股价在 A 点见到乌云盖顶形态之后开始下跌，在 B 点见到刺透形态之后反弹，在 C 点附近形成小双顶之后跌破颈线，此后股价重回跌势。最终，股价在 0.382 向下扩展点位处企稳，出现了小双底，对应的 KD 指标出现了超卖金叉特征（见附图 4-30）。

附图 4-30 超卖金叉确认向下扩展点位（2）

为什么不是 KD 指标线处于超卖区域就行了？因为要防止钝化的现象出现，当然钝化过程中也会出现金叉，只是相对次数较少而已。真正要杜绝信号无效的情况，一要看成交量，有无主动承接盘；二要看题材，是不是利空出尽了，有无利好出现，利好有无持续性，是否属于重大利好；三要看大盘，大盘是否企稳，最好大盘转为上涨，这样可以封杀个股大幅下跌空间。

接下来，我们将斐波那契向下扩展点位与其他三个维度结合起来做一个综合性的演示。先看第一个实例，蓝盾股份在 A 点见到看跌吞没之后，股价持续下跌，此后股价在 B 点反弹，达到 C 点之后重回跌势。我们以 AB 段作为单位 1，以 C 点作为零点，做出向下扩展点位线谱（见附图 4-31）。股价最终在 1 倍向下扩展点位处出现了早晨之星，这就初步确认了一个好的抄底时机。

股价在 0.382 和 1 倍向下扩展点位都出现了看涨反转 K 线，我们这里解析为什么剔除 0.382 向下扩展点位。从后面的成交量特征可以看到，0.382 向下扩展点位处虽然出现了看涨吞没，但是相应的成交量却不配合，阴线放的量不仅大，而且比后面阳线放的量还大不少，这就是反弹无力的表现。

195

附图 4-31　蓝盾股份走势中做出斐波那契向下扩展点位和 K 线确认

对应于早晨之星的成交量呈现出缩量后放量的特征，缩量对应阴线，放量对应阳线，这就是比较好的价量配合了，这就从成交量的角度进一步确认了抄底的时机（见附图 4-32）。

附图 4-32　蓝盾股份走势中向下扩展点位的成交量确认

对应早晨之星的 KD 指标出现了超卖金叉信号，这就是"悲从喜来"的表现，抄底时机从动量和情绪的角度得到确认（见附图 4-33）。如果是纯技术面交易者，那么再看

下大盘的技术走势，就可以决定是否进场了，如果大盘没有下跌的特征，那么这就是一个抄底良机。

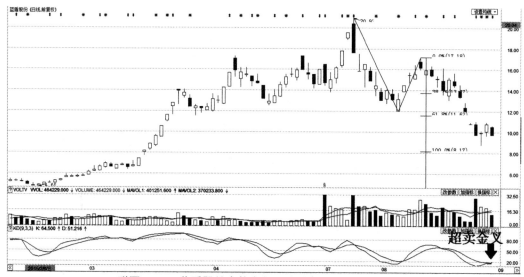

附图 4-33　蓝盾股份走势中向下扩展点位的 KD 指标确认

再来看第二个实例，德威新材在 A 点见到看跌吞没之后开始下跌，B 点见到早晨之星之后开始反弹，C 点见到看跌吞没之后重回跌势。我们以 AB 段作为单位 1，以 C 点作为起点，向下做出斐波那契扩展点位（见附图 4-34）。

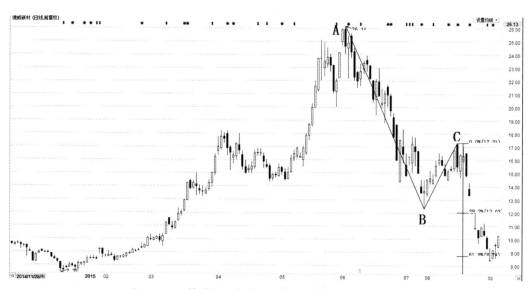

附图 4-34　德威新材走势中做出斐波那契向下扩展点位

严格来讲，除非综合考虑其他因素，否则倒锤头和锤头只能作为反转提醒信号，而不能作为确认信号。如果要确认趋势反转，那么就必须有后续K线的确认。

德威新材第二波的下跌过程中在 0.618 点位处出现了倒锤头和锤头，这就初步确认了该点位的支撑有效（见附图 4-35）。

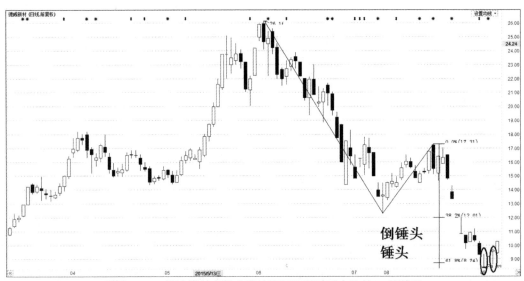

附图 4-35 德威新材走势中斐波那契向下扩展点位的 K 线确认

为了进一步检验上述判断的有效性，我们还要看相应的成交量特征，可以看到在该点位附近 K 线对应的成交量出现了缩量后放量阳线的特征（见附图 4-36），这就从成交量的角

附图 4-36 德威新材走势中向下扩展点位的成交量确认

度确认了抄底的时机。

在 0.618 向下扩展点位这个地方出现了反转 K 线形态，对应的 KD 指标则出现了超卖金叉，这就从动量指标的角度确认了抄底的时机（见附图 4-37）。

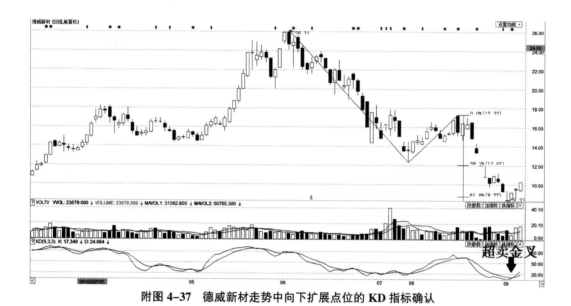

附图 4-37　德威新材走势中向下扩展点位的 KD 指标确认

抄底方法的技术层面我们基本上都系统介绍过了，这里简单回顾一下：第一，斐波那契向下扩展点位要大致准确地做出；第二，反转 K 线在哪个点位出现，就初步确认该点位支撑的有效性；第三，成交量要出现缩量后放量收阳的特征，如果成交量并不配合反转 K 线，则表明该支撑可靠性低，自然也就不是抄底良机了；第四，KD 指标出现超卖金叉，同时出现底背离更好。一般而言，下跌后出现阳线自然会引发 KD 指标出现超卖金叉。

（本文摘选改编自《高抛低吸：斐波那契四度操作法》）

附录5

闪电形态和变种的交易策略

哈罗德·M.加特力在 1935 年出版了 《profits in the stock market》一书，该书限量 1000 册发售，每本售价 1500 美元。这个价格放到现在也算非常贵了，在当时更不用说，相当于三辆福特车的价格。这本书自出版到现在已经有 80 多年了，跟艾略特波浪理论基本属于同时代的东西，但是对于加特力波浪理论知晓的人非常少，掌握的人则更少。

艾略特波浪理论与加特力波浪理论其实都是基于斐波那契比率的波浪形态理论，两者有重叠的部分，也有不一样的部分。艾略特波浪理论的整体观更强一些，自然也就更加理想化一点，后市的发展存在多种可能性，不太容易证伪。而加特力波浪理论相对而言，更加简单一些，形态更容易确认，设置止损也更加容易。无论是**艾略特波浪理论还是加特力波浪理论，其根本形态都与相连接的三浪有关，而三浪之间存在斐波那契回撤比率和扩展比率关系。**

在本书我们介绍加特力波浪理论中最为简单和普遍的闪电形态。闪电形态与 N 字结构关系密切，具体而言就是 N 字结构往往是闪电结构中的一部分，当 N 字的第三浪充分发展完成之后，我们就得到了所谓的闪电形态。从某种意义上来讲，闪电形态的度量关系为 N 字结构的目标点位提供了参照。我们在《短线法宝：神奇 N 字结构盘口操作法》一书中提出了一种基于 N 字结构的股票短线进出场策略，其中出场采用的

艾略特波浪理论和加特力波浪理论的核心是 N 字结构。

是最近两日最低点跌破，如果你掌握了闪电形态，也可以利用斐波那契扩展比率点位作为出场信号，这就相当于一个前位或者同位出场信号，而最近两日低点则相当于后位出场信号，两者结合起来就可以起到相互补充和协作的作用。

闪电形态源于哈罗德·M.加特力在其著作中提到的 AB=CD 形态，后来很多人都发现了类似的市场形态，在标普股指期货的日内波段走势中也经常出现这一形态。我在国内也曾看到有财经作家基于 AB=CD 形态写了一部很厚的炒股书，从中可以见到这一形态出现的频率非常高。

闪电形态的基本模型分为多头闪电形态和空头闪电形态两种。我们先来看多头闪电形态（见附图 5-1），AB 段价格向下运动，这一段定义为单位 1。需要注意的是，我们讲的 AB 段，并非 A 点和 B 点之间的长度，而是 AB 段对应的价格幅度，后续提到的所有长度都是指价格幅度，而非两点之间线段的长度。回到正题，价格反弹到 C 点，BC 段对 AB 段进行了回撤，这个回撤肯定是不能超过 1 的。BC 段价格幅度等于 AB 段的价格幅度乘以斐波那契回撤比率。

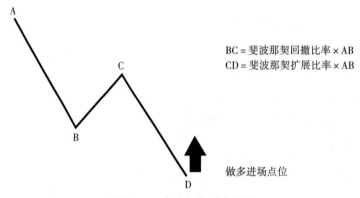

BC = 斐波那契回撤比率 × AB
CD = 斐波那契扩展比率 × AB

做多进场点位

附图 5-1　多头闪电形态模型

还有一些不常用的斐波那契回撤比率，比如 0.121、0.809、0.764 等。这些回撤比率运用价值不高，不具有实际意义。

常见的斐波那契回撤比率有 0.786、0.618、0.5 和 0.382 等。在多头闪电形态中，反弹的高点肯定低于 A 点，这点非常关键，至于是否与某个具体的回撤比率相符合其实并不重要。在实际运用中，我们判断闪电形态时，并不会花时间去

考察 BC 段是否精确地符合斐波那契回撤比率，而是将主要精力集中于分析 CD 段与 AB 段的比率关系。

在下跌过程中，CD 段以 AB 段为单位 1，以 C 点为起点，多头闪电形态要求 CD 段的价格幅度等于 AB 段的价格幅度乘以斐波那契扩展比率（后续简称 AB 段和 CD 段，不再强调"价格幅度"），常见的斐波那契扩展比率有 0.618、1、1.618 等，不过 0.382、1.382、2.618 等也是会用到的扩展比率。CD 段会在某斐波那契扩展比率点位处结束，然后价格回升的可能性非常大，关于如何识别具体的反转点位，单单就技术上而言，我们需要结合价格形态来甄别，后面会详细展开。

我们来看一些具体的多头闪电的实例，只有见到大量的各色实例你才能积累到足够的经验，同时也才能获得足够的信心。也只有在大量的实例分析中，我们才能发现什么样的扩展比率点位最容易成为反转点，这比理想的理论模型更有价值。来看两个实例，两个例子都是英镑对美元的 1 小时走势图（见附图 5-2 和附图 5-3），汇率从 A 点下跌，在 B 点反弹，C 点开始恢复跌势。最终，汇率在 0.618 扩展处获得支撑，展开升势。

CD=0.618AB，这类闪电形态被称为"短腿闪电"。

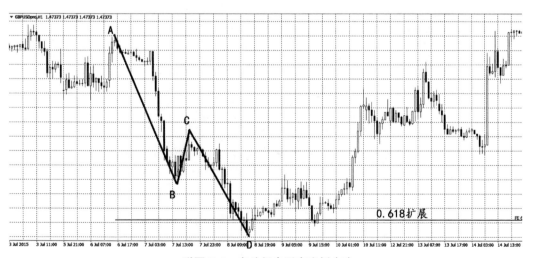

附图 5-2　多头闪电形态实例（1）

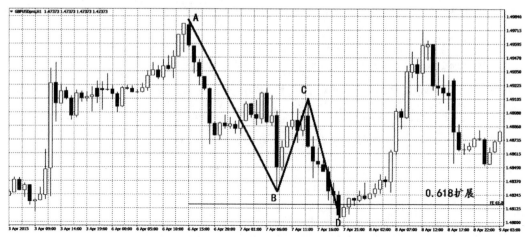

附图 5-3　多头闪电形态实例（2）

1 倍扩展点位又被称为 AB=CD 形态，通常被认为是最正宗的闪电形态。不过，在我们看来这种形态就是闪电形态中的一种而已，并不能囊括绝大多数闪电形态实例。

多头闪电形态中比较典型的 1 是倍向下扩展，我们来看两个实例（见附图 5-4 和附图 5-5）。我们仍旧以英镑对美元为例，两者都是 1 小时走势图，AB 段下挫之后，汇价反弹，然后在向下 1 倍扩展点位处企稳，此后英镑对美元走强。

附图 5-4　多头闪电形态实例（3）

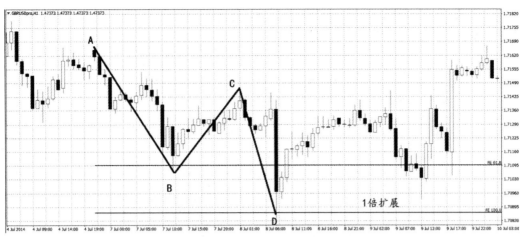

附图 5-5 多头闪电形态实例（4）

多头闪电形态中与 1 倍扩展一样，经常出现的是 1.618 扩展，也被称为"长腿闪电"。我们来看两个实例（见附图 5-6 和附图 5-7），汇率从 A 点下跌到 B 点，然后反弹到 C 点，我们省略掉对 BC 段的度量，只要 C 点不超过 A 点，那么就基本符合了多头闪电形态对 BC 段的要求。即使你要度量，也会发现，BC 段大概率是符合某一特定斐波那契回撤比率的。汇价从 C 点开始再度下跌，然后在 1.618 向下扩展点位处获得支撑，展开升势。

以 1 倍扩展为中位数，小于 1 倍扩展称为短腿闪电，大于 1 倍扩展称为长腿闪电。

附图 5-6 多头闪电形态实例（5）

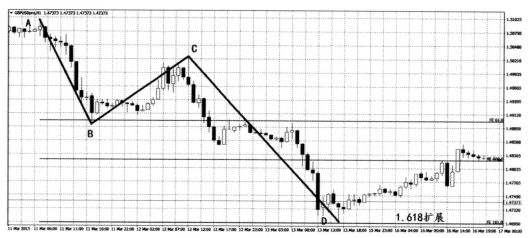

附图5-7　多头闪电形态实例（6）

　　空头闪电形态与多头闪电形态是镜像关系，AB段上升，然后出现BC段回调，最基本的要求是C点要高于A点，精确的要求是BC段等于AB段乘以斐波那契回撤比率。以C点为起点，AB段为单位1，向上投射，空头闪电形态要求D点出现在某一斐波那契向上扩展点位处（见附图5-8）。

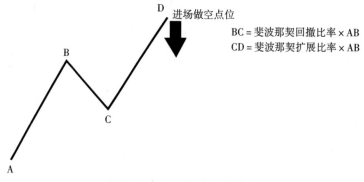

附图5-8　空头闪电形态模型

　　随便就能在英镑对美元的1小时走势图中发现很多闪电形态，这体现了这一形态的普遍性。

　　我们来看一些具体的实例，体验一下空头闪电形态的"神奇"。我们首先看两个0.618向上扩展的空头闪电实例（见附图5-9和附图5-10），汇率从A点上涨到B点，然后出现回调，在C点开始恢复升势，上涨到0.618向上扩展点位处出现反转。

附图 5-9 空头闪电形态实例（1）

附图 5-10 空头闪电形态实例（2）

空头闪电形态中容易出现的第二种扩展比率是 1 倍扩展，也是所谓的 AB＝CD 空头形态，我们来看两个实例（见附图 5-11 和附图 5-12）。AB 段上涨，BC 段回调，两个实例的回调幅度都不大，因此符合最基本的回调要求。最终，汇价在向上 1 倍扩展处受阻回落。

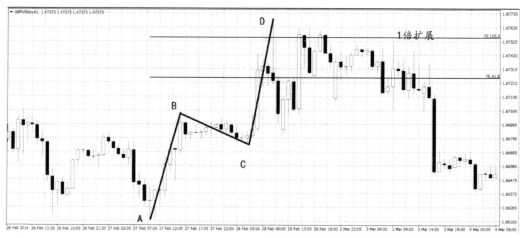

附图 5-11　空头闪电形态实例（3）

附图 5-12　空头闪电形态实例（4）

　　空头闪电形态中第三种出现频率较高的扩展点位是 1.618，我们依旧以英镑对美元1 小时走势为例（见附图 5-13 和附图 5-14）。两个例子中 BC 段的回撤幅度就非常大，但是 C 点都高于 A 点，所以都符合了最基本的要求。两个例子中 CD 段都等于 AB 段的1.618 倍，D 点之后英镑对美元反转走跌。

附图 5-13　空头闪电形态实例（5）

附图 5-14　空头闪电形态实例（6）

利用闪电形态怎么把握进场时机呢？前面我们已经熟悉了各种各样的闪电形态，不过只了解这些是不够的，还要落实到具体的操作中，这就涉及时机的把握。我们这里只介绍闪电形态做多的时机把握，第一步肯定是在出现 A、B、C 三点，并且 D 点在行程过程中，如何确定 D 点是否已经大概率出现。A、B、C 三点出现后，我们以 AB 段为单位 1，以 C 点为起点做出斐波那契向下扩展点位线谱，这是第一步，然后我们就要等待 K 线等价格形态来告诉我们 D 点是否出现，做多时机是否已经到来。什么是最可能的 D 点呢？有两个具

单纯使用斐波那契点位来确认反转点是完全行不通的，失败率会比较高，如果能够结合公布数据来利用斐波那契点位的话，成功率会提高一些。不过，最为简便的做法还是用 K 线形态来确认斐波那契点位的有效性。

209

体的要求：第一个要求是 D 点位于某一斐波那契向下扩展点位附近，第二个要求是 D 点出现了看涨反转 K 线（见附图 5-15）。

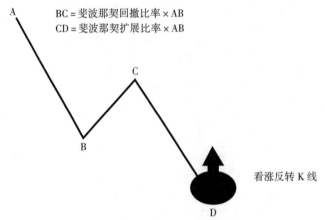

附图 5-15　多头闪电形态进场信号

（本文摘选改编自《斐波那契高级交易法：外汇交易中的波浪理论和实践》）